好

汪 编

幽默口才

巴蜀书社

图书在版编目(CIP)数据

幽默口才/汪启明主编.—成都:巴蜀书社,
2020.11(重印)
(好口才系列丛书)
ISBN 978-7-5531-1058-5

Ⅰ.①幽… Ⅱ.①汪… Ⅲ.①幽默(美学)—口才学
Ⅳ.①H019

中国版本图书馆 CIP 数据核字(2018)第 210243 号

幽默口才 汪启明 主编

策划组稿 施 维
责任编辑 徐庆丰
出 版 巴蜀书社
成都市槐树街 2 号 邮编:610031
总编室电话:(028)86259397
网 址 www.bsbook.com
发 行 巴蜀书社
发行科电话:(028)86259422 86259423
经 销 新华书店
印 刷 三河市同力彩印有限公司
电话:(0316)3531288
版 次 2018 年 10 月第 1 版
印 次 2020 年 11 月第 3 次印刷
成品尺寸 152mm×215mm
印 张 14.5
字 数 290 千
书 号 ISBN 978-7-5531-1058-5
定 价 35.00 元

21 世纪是口才的世纪

跨入21世纪的第二个十年，职场竞争越来越激烈，生活节奏日益加快，活动空间越来越大，由此带来的人与人之间的交往也比过去任何时代都更频繁、更紧密。生活在这个时代的人们，无时无刻不在输入和输出信息。人际交流和沟通，已经成为每个人须臾不可或缺的阳光、空气和水。

“好风凭借力，送我上青云”，人们在工作中交谈，在政治上辩论，在经济战场上驰骋，在生活中尽情地挥洒和展现自己的才华，离不开口才这个“好风”，口才是现代人所必须具备的重要能力之一。从木桶理论考量，光是“酒好”还不行，满腹经纶而木讷寡言，很难在现代社会进退自如。从某种意义上说，口才可以决定一切。

口才是人走向社会、走向成功的通行证。戴尔·卡耐基说：

> 一个人的成功，约有15%取决于知识和技术，85%取决于人际沟通和口才等综合素质。

这个成功学的公式已经为大多数人所认可，而这举足轻重的85%，恰恰是很多人成功的绊脚石。这个比例虽然有些夸大，但俗话说“成败是说出来的，机遇是听出来的”，并非空穴来风。

第二次世界大战后，西方一些人将舌头和原子弹、金钱并提，称之为征服世界的“三大威胁力量”。这里的舌头代表口才，原子弹代表科技水平，金钱代表经济基础。发展到当下，口才与美元、互联网也可视为人们在职场赖以生存和竞争的“三大战略武器”。

口才好不一定是人才，但要成为人才不能没有好口才。在日常生活中，我们随时都可以看到，那些能在各种场合充分展示自己才智、才学、才华的人，那些自然而然成为“意见领袖”的人，恰恰都思维敏捷、思路清晰、能言善辩、出口成章。拿破仑曾说过：“我们用语言来统治世界。”这里的语言不是一般的语言，而是口才。以政治人物为例，他们往往具有口才非凡的特点，像马克思、列宁、林肯、丘吉尔、罗斯福、戴高乐、孙中山、毛泽东、周恩来、鲁迅、闻一多等杰出人物都口才超群，留下了许多令后人反复传诵的佳话。可以说，没有良好的口才，就不可能成就这些伟大人物。今天，虽然有了大众媒介、移动终端、微信微博等传播工具，但口头表达能力的高低，还是决定一个人综合能力高低的极重要因素。

这套《好口才系列丛书》，分为处世、社交、演讲、幽默、机智、辩论六个方面。它们有共性，又各有其特点。共性如都要表达自己的思维和观点，要掌握丰富的语言词汇，语言具备严密的逻辑结构，要有一定的节奏和语气。不同之处如演讲就需要话语的形象感，并让这些形象在听众的脑海中流淌，深深地影响听众，如电视片“动物世界”中的台词：“夕阳西下的非洲大草原，富饶辽阔美丽多姿，碧绿的青草散发着迷人的幽香，各种动物在尽情地奔跑着，跳跃着，一切都显得那么生机勃勃。”没有形象感的讲话，很难在演讲中吸引听众。其他如处世口才、社交口才、幽默口才、机智口才、辩论口才，亦各具特点，读者可以通过阅读本书学习并掌握其要诀。

为了从青少年时期就开始培养良好的口才，我们组织一些作者，编写了这套《好口才系列丛书》。口才类书既可结合语言学、信息科学、传播学、心理学等学科理论写得很深奥，也可以写成一部以理论为主的教材，还可以结合实际的例子写成通俗读物，而这套丛书属于第三类，可以作为课程教学的课外读物，对培养好口才具有助益。书稿的编写，由众多作者完成，我看过全书稿件，提了些修改意见。由于出于众手，错误之处敬请谅解，写作参考了大量国内外同类著作，在此一并谢过。

汪启明

2013 年 10 月于成都空中港湾寓所

目　录

迷人难测的精灵

——谈谈幽默

所谓幽默，就是我们在看来是正常的行为中觉察出的细微差别。换句话说，通过幽默，我们在貌似正常的现象中看出了不正常的现象，在貌似重要的事物中看出了不正常的事物。

伟大的物理学家爱因斯坦博士因提出了相对论而举世闻名，此后，发生了这么一个故事：

盛名之下的爱因斯坦每天忙于应付不计其数的大学邀请他作演讲，搞得疲惫不堪。爱因斯坦每次到大学去都是由专职司机李查开车送他，一到会场，李查就在台下听演讲，一共做了三十来次的听众，而且每次都聚精会神，从头听到尾。李查是位风趣的美国人，一天他向疲于奔命的爱因斯坦提建议："您实在太辛苦，也一定讲烦了，您的演讲内容我可以背下来了，我想下次演讲时让我穿着您的衣服，让我来代您演讲直到被发现为止，可以吗？"

"妙呀，反正那里认得我的人也不多。"同样富于风趣的爱因斯坦回答道。

此后的那场演讲，穿着爱因斯坦衣服的李查对于相对论的解说没有任何差错，他把爱因斯坦的表情和动作也模仿得惟妙惟肖。博士则打扮成司机，不仅开车送李查来演讲，而且坐在台下认真听讲。

然而，就在演讲结束、李查准备下台时，一件意料不到的事终于发生了。

倏地，一位教授模样的先生站起来，像发连珠炮似的提出了许多问题。

真的爱因斯坦静坐在会场的角落，心中吃惊不小，但他表面上还是若无其事。

假的爱因斯坦却轻松地对那位教授说：

“你的这些问题很简单，连我的司机都能回答……喂，李查，请上来帮我作些说明吧！”

于是，真正的爱因斯坦这时才穿着司机的服装，理所当然地步上讲台，并迅速地对问题作了说明。两人巧渡难关，也留下永久难忘的回忆。

爱因斯坦同司机互换身份的故事，的确是很逗人的，带着浓厚的幽默色彩，也许有的人还会捧腹大笑。

是的，人们都很喜欢幽默，但对于什么是幽默，却众说纷纭，莫衷一是。古希腊哲学家柏拉图、德国哲学家柏格森、著名的心理学家弗洛伊德、爱尔兰作家萧伯纳、美国著名的表演艺术家卓别林、中国作家鲁迅、钱锺书、老舍、漫画家方成、著名学者林语堂等等，都曾为“幽默”作过不同的定义。艺术大师各执己见，见仁见智。

幽默犹如迷人难测的精灵，它唱出的歌声沁人心脾，令人深思，感人至深。这个精灵随时出现在我们周围，人们吸收着它的灵气,下笔生花,出口成趣。当人们要为它勾画面目时,却又若鸡若凤,若猫若虎,若蛇若龙。不同时代、不同民族的艺术大师们,笔下所描绘的面目又判若两样。

最早时,英国有人说它出自于癖性。直到 18 世纪,英国人又说它是机智的姐妹。到了 19 世纪,美国人说它就是笑的雅名,而俄国人却把它看成是讽刺的亲人。

什么是幽默?

爱尔兰作家萧伯纳说:“幽默是一种元素,它既不是化合价,更不是成品。”

美国幽默表演大师卓别林说:“所谓幽默,就是我们在看来是正常的行为中觉察出来的细微差别。换句话说,通过幽默,我们在貌似正常的现象中看出了不正常的现象,在貌似重要的事物中看出了不正常的事物。”

英国作家哈兹里特说:“幽默是说话的调味品,并非食品。”

伟大的革命家列宁曾说过:“幽默是一种优美的健康的品质。”

我国著名作家老舍比较详细地阐述幽默是“一视同仁的心态”的观点,他对幽默的人作这样的解释:

他既不呼号叫骂,看到人都不是东西,也不顾影自怜,看自己如一活宝贝。他是由事件看出可笑之点,而极巧地写出来。他自己看出人间的缺欠,也愿使别人看到。不仅仅是看到,他还承认人类的缺欠;于是人人有可笑之处,他自己也非例外,再往大处一想,人寿百年,而企图无限,根本矛盾可笑。于是笑里带着同情,而幽默乃通于深奥。

这里足见,幽默这个迷人难测的精灵,在不断地寻求自己漂亮的外壳,同时又不断地更新自己的容貌。这些关于幽默的描述,可以帮助我们从人生经验的角度来理解什么是幽默。创作幽默的艺术家,研究幽默的理论家,他们的见解真可谓是“百家争鸣”,众说纷纭,莫衷一是。难怪法国文学家德哥勃拉评论说:“幽默,是比宇宙力更麻烦的问题,是文艺批评上的不规则的多边形!永远没有人能够分析一个幽默作家的心理,这种心理使人捉摸不定,好比被生物学家追赶的蝴蝶,当你刚以为捉住了它的时候,它却逃走了。”

克罗齐也在《幽默》一文里说,谙熟文学批评和描述心理学的人,都放弃了给幽默寻求正确定义的徒劳,因为“幽默”一词通用于一系列表象,要明白精确地从其间的关系中分离出这些表象是不可能的,除非武断任性图个方便。

克罗齐的话,虽然不无偏颇,但也确实说明幽默之不易捉摸,难以界说。

在爱因斯坦荣获诺贝尔物理学奖之时,心理学家弗洛伊德曾向他发了“致词”。在致词中弗洛伊德感慨至深地说:“物理学相对论的研究因为其高深莫测,可以使爱因斯坦避开许多不必要的烦恼。心理学则不然,它是研究人的,每一个人都可以根据自身的经验任意批判心理学家的研究结论。”弗洛伊德的话,也同样适合于幽默。大家都知道,不存在客观的幽默。客体因素由主体因素的掌握而变化无常,它是瞬间闪现的火花,千姿百态。因此,任何从较高层次探讨幽默的,可能最终都只能招来各种莫名其妙的非议和品头论足。长时间对幽默的研究寥若晨星,道理也许正在这里。

当然,如果不强求道理的、公认的学术定义,那么我们则可在各有其道理的百家之言中，概括出关于幽默的主要特征：借用讽刺、影射、双关等修辞方法，在表面的滑稽、形式的逗笑中揭示生活中的真谛和不合理之处，它是思想、见识、智慧和灵感在语言运用过程中一瞬间的结晶。幽默都是引人发笑的，但这并不是幽默的目的，其目的在于使你在笑声中得到深刻的哲理，发现真、善、美的内涵，从而得到启迪。我们遍观古今中外的幽默大师，他们都是“笑的哲人”。正如英国著名戏剧家莎士比亚的名言所说的那样：“幽默风趣是智慧的闪光。”

那么，人们为什么会喜欢幽默和风趣呢？因为，笑是人们生活中的亲密的伙伴。微笑、大笑、讪笑、冷笑、苦笑、轻松的笑、热情的笑、会心的笑、愤怒的笑……丰富多彩的笑，使人们的生活更加充满生机，情趣盎然。如果没有笑声，我们的星球将会变得何等的孤寂！笑给人以健康、智慧和力量。“笑一笑，十年少；愁一愁，白了头。”这是我国劳动人民理解笑的一句谚语，可见笑在人们的生活中有着多么重要的地位。

尽管人们生活中需要笑，但现实中的许许多多的事情并非都是有趣的，甚至有许多是令人生气、愤慨、痛心、惋惜或同情的，是难以令人笑得出来的。

幽默却有巧妙的功能，它能将两种互不相干的事件豁然串通起来，让人产生惊诧的感觉，然后发出会心的笑声。它能化平淡为有趣，化沉闷为笑声。例如有一个小伙子这样向一位姑娘表示爱情：

姑娘：“你真的爱我吗？”

小伙子：“是的，我敢对天发誓……”

姑娘：“那你用什么表示呢？”

小伙子:“用我这颗赤诚的心。”

姑娘:“对不起,再见!”

小伙子:“你怎么啦?”

姑娘:“你是唯‘心’主义者,我可是唯‘物’主义者啊。”

小伙子所讲的“赤诚的心”,同唯心主义和唯物主义哲学名词原本是毫不相干的,这里却把它们巧妙地联系在一起,使人感到非常的谐趣、新奇,引起人们开怀大笑。这笑声对把爱情庸俗化、商品化的可悲行为进行了辛辣的讽刺,显示了幽默的力量。

恩格斯说过,幽默是具有智慧、教养和道德上优越感的表现。幽默感是人的比较高尚的气质,是文明的体现。一个社会不能没有幽默。有人形象地说:“没有幽默感的语言是一篇公文,没有幽默感的人是一尊雕像,没有幽默感的家庭是一间旅店,而没有幽默感的社会是不可想象的。”幽默可能发生在社会生活的每一个层次,每一个角落。受过良好教育的人,有受过教育的幽默方式;中产阶层的人有中产阶层的幽默方式;哪怕是斗大字不识一箩筐的人,也可以有他们独特的幽默方式。可以说,幽默是一个不拘性别、不拘年龄、不拘社会地位、不拘教育程度的人人皆可为之的社会现象。正因为幽默在我们的社会生活中是这样普通,同人们太熟悉了,它才被人们所忽视。当人们生活在一个缺少空气的环境中,才能深切体会到空气对人体的重要。同样,只有当人们生活在一个缺少幽默的社会环境中,他们才会感到幽默的魅力,感到生活中幽默的力量。

幽默感是在观察生活、体味人生中培养出活跃的想象力,它从宏观与微观的联系上,从表象与意义的统一中,开掘、生发出巧妙的矛盾情趣和世态哲理。因此,幽默艺术总能拓展人们的认识视野和人生目标，使人们从中学会生活。

举一个幽默的例子，可以有助于我们理解幽默感。

一天，“伦琴射线”的发明者伦琴收到一封信，写信人请求伦琴寄一些“伦琴射线”和一份怎样使用这些射线的说明书给他，因为他胸中残留着一颗子弹，需要用射线治疗。

伦琴阅过信，提笔在复信中写道：“真遗憾，眼下我手头的X射线刚好用完了，况且要邮寄这种射线十分困难。这样吧，请把你的胸腔给我寄来吧！”

“把你的胸腔给我寄来吧”这话极富幽默感，生发出巧妙的矛盾情趣，对人们很有启发作用。

幽默感总是对当前生活有着新鲜的感受，悟出事物现象后面的意义，觉察出有意义的事物现象，这种现象可能是习以为常的，但当你从另一个新的角度来观察时，立刻察觉出其间的荒谬不合理，察觉出其间的俏皮意味，这就是所说的幽默中的诗意。

在艺术创作中，幽默的诗意，它的绝妙之处不仅仅在于语言的锤炼，而是说幽默诉诸整个艺术形象。在幽默艺术的创作中，形象的塑造是中心课题，语言只有生根在性格与情景交融的关系里，才能获得诗的意境，变成情趣盎然的幽默语言。这种幽默，大者可见之于作品全局整体的构思，如在我国古典名著《西游记》中，幽默、乐观、开朗的孙悟空和滑稽可笑、憨态可掬的猪八戒护送仁慈虔诚的唐僧到西天取经，这就形成了长篇神魔小说的幽默滑稽的基调；小者可见之于许多作品的人物或细节描写，如《水浒传》中的李逵，正因为在他身上比较多地集中了幽默的语意、滑稽的动作及可乐的性格，他才成为书中最为生动、最有光彩的形象。

当然,幽默要从单纯的表现手法提高为艺术风格,必然涉及一个人的人生观。悲观主义者是决不会创作出成功的幽默艺术的,因为幽默里有一股暖流,有一颗火热的心在跳动。作者将自己也置身在对象的行列,不是冷眼的旁观者,他创作的幽默才使人感到亲切,有说服力。幽默家同对象之间有着非同一般的情感,如英国小说家梅瑞迪斯所说:"敲他一下,又洒他一滴眼泪,承认他像你,也像你的左邻右舍,你既不躲他,也不饶过他,既揭露他,又怜惜他,这就是有一种幽默精神在驱动你。有了这种济世助人的热乎心肠,幽默家的笔锋可能尖锐却不刻薄,言语可能调皮却不风凉,语调以委婉调侃见长。这种情感态度正是乐观主义的自然表现。"

所有这些对幽默的思考,大多是幽默家们从自身的经验出发,经过对幽默现象的观察、分析后表达出来的。每个人都可以根据自己对幽默的理解使用幽默,也可以根据自身的经验,理解别人的幽默。幽默,这个迷人难测的精灵,真是一个万花筒。

源远流长的传统

——华夏的幽默

善于思考的人，一旦从传统偏见的桎梏中解脱出来，将会在人类的低等祖先中找到人类伟大能力的最好证据，并且从人类过去的漫长进化过程中，找到人类对达到更崇高的未来的信心的合理根据。

中华民族的幽默，是源远流长的。

早在百家争鸣的春秋时期，各国的宫廷已有用优之风，贵族们自养以“滑稽调笑”为业之艺人。如《史记·滑稽列传》所载“优孟谏楚庄王贱人而贵马”，用“归谬法”使楚王觉察了“寡人之过”。优孟还建议楚王以“厚礼”“葬”马，送“葬”送进人肚肠，优孟的戏拟之言，是十分诙谐可笑的。关于先秦的这些记载，给后世留下颇深远的影响。

我国第一部诗歌总集《诗经》，诗中的幽默，可见之于不少的讽刺诗和情诗。

例如《邶风·新台》一诗，就是揭露和讽刺当时卫宣公的一桩丑闻的。卫宣公打算为他的儿子娶齐国的一个名叫宣姜的女子为妻。后来，宣公听说那女子非常漂亮，便在河上筑了一座华丽的新台，把齐女宣姜中途拦截，占为自己的老婆。卫国人民写诗讽刺这件丑事。全诗分三章，其尾章是这样的：

鱼网之设，鸿则离之。燕婉之求，得此戚施。

诗歌假借齐女的口吻，进行讽刺。说张起网本为捕鱼，但哪知却遇到一个癞哈蟆。本想求得一个如意郎君，谁知竟嫁了一个丑老公。形象的比喻，嬉笑怒骂，直剥下了统治者卫宣公的面皮，又达到幽默讽刺的效果。

又如《邶风·静女》一诗，是写情人幽会的，先写赴约，后写女子向男子赠物来表示爱情，全诗充满着愉快而幽默的情趣：

静女其姝，俟我于城隅。爱而不见，搔首踟蹰。

静女其娈，贻我彤管。彤管有炜，说怿女美。

自牧归荑，洵美且异。匪女之为美，美人之贻。

第一章的开端说，一个幽静美丽的姑娘，等我在城的角楼上，写出男子赴约时得意和愉快的心情。但出他意料，到见面地点并不见姑娘的身影，这下急坏了他，害得他抓耳挠腮，不知所措。

第二、三章写姑娘终于露面了，原来她并未失约，而是故意藏起来逗他玩。会面后姑娘把一支小草(彤管，指管状的初生小草)递给他，故意试他说是送给他的礼物，男子却双关地说，这棵小草美极了。接着，姑娘再把从牧场采来的荑草递给他，他也故意地表示吃惊，说这草美得出奇，但并不是这草本身美，而是“美人之贻”，是因为美人儿送的。

这首诗，把民间青年男女在一起时的那种天真活泼、互相逗趣的幽默情境写得活灵活现。一个故意惹逗，一个语带双关的凑趣，其深厚的感情、开朗的个性、欢快的情绪跃然纸上。先秦诸子如晏子、庄子、韩非子等人的散文作品真正做到了嬉笑怒骂，皆成文章。它首先表现在开我国民间笑话之先河的寓言故事中。如《庄子·天运》里的"东施效颦"的故事：

美女西施因心口痛，皱着眉头，按着胸口，在路上走。邻家的一个丑女(后人把她叫做"东施")看见了，认为很美，便学西施的样子，也皱着眉头，按着胸走路，结果更难看了。

故事幽默地讽刺东施愚蠢可笑，不知人家好处何在，胡乱模仿，结果适得其反。当然，那些记叙重要的历史事件的著作，也幽默风趣，常常使人发出会心的微笑。

魏晋时期，哲学重新解放，思想非常活跃，幽默再度兴起。我国出现了笑话专集《笑林》，为三国魏人邯郸淳所撰。如：

汉世有人，年老无子，家富，性俭啬。恶衣蔬食，侵晨而起，侵夜而息，管理产业，聚敛无厌，而不敢自用。或人从之求丐者，不得已而入内，取钱十，自堂而出，随步辄减，比至于外，才余半在。闭目以授乞者。寻复嘱云："我倾家赡君，慎勿他说，复相效而来。"老人俄老，田宅没官，货财充于内帑矣。

这一短小的笑话，嘲笑剥削阶级的吝啬，富有民间笑话机智辛辣的风格。这些笑话开后世俳谐文字之端，有的故事具有一定的社会意义。

南朝刘义庆所撰的《世说新语》，内容全记汉魏至东晋名人文士之佚事言谈，全书一千余则，多为清谈家言，谈应对之言语片断，如《雅量》：

顾和始为扬州从事，月旦当朝。未入，顷停车州门外，周侯诣丞相，历和车边，和觅虱夷然不动。周既过反还，指顾心曰："此中何所有？"顾搏虱如故，徐应曰："此中最是难测地。"周侯既入，语丞相曰：卿州吏有一令仆才。

《世说新语》用大量的篇幅记载名士们奇特的活动和玄妙的清谈,是我们研究“魏晋风流”的重要资料。这些名士标榜“雅量”、“豪爽”,讲究“容止”、“识鉴”,就连“任诞”、“简傲”也成了一种清高的美誉。这种所谓的雅量大度,其实是很可笑的。

到了明代,幽默突破了“礼”制的牢笼和“理”学的束缚,蓬蓬勃勃地生长,造就了中国幽默史上又一个重要的时期。王利器先生辑录的《历代笑话集》是颇为丰富的,由魏至清,共1850则笑话,可以佐证时代兴趣之浓厚。

又如吴承恩的《西游记》,根据民间传说和说唱故事加工整理重新写成。小说通过幻想的神话世界,用虚构、夸张的艺术手法,描写了猴王孙悟空大闹天宫地府和协助唐僧取经,荡妖除怪的故事。孙悟空神通广大,具有正义感和反抗斗争精神。玉皇、龙王或阎王,统统不在他的眼里,对“法力无边”的西方佛祖如来,也敢嘲笑一番。悟空保唐僧取经,一路受到无数妖魔阻挡,他不畏惧,顽强不屈,勇敢乐观,即使是受到委屈,被唐僧驱逐回花果山时,还是念念不忘唐僧去西天取经。他的乐观与开朗的性格,使他的语言动作富于幽默感,常常博得人们的笑声。

《西游记》中另一个写得很生动的人物就是猪八戒,他力气大,肯干活,性情憨厚,打斗时是悟空的好助手。但他贪吃,爱睡,对取经不坚定。一遇到困难,他就想分行李散伙,到高老庄做女婿;他有点自私,偷银子,藏在耳朵眼里;他还会撒点谎,在唐僧面前编造些孙悟空的坏话。由于他的笨拙、可笑,因而这个人物显得格外幽默。

两位主人公,一位是机智灵活,有着七十二般变化神通,幽默乐观的英雄;另一位更像是鼓鼓囊囊的笑料袋,随时会抖出一连串的笑料来，因而使我国的第一部神魔长篇小说《西游记》全篇有了幽默滑稽的基调和特色，为广大人民群众所喜闻乐见。

明代另外两部著名的长篇小说《三国演义》、《水浒传》中，也妙笔生花地描绘了许多活龙活现的幽默滑稽的人物，许许多多的细节也被描写得形象、生动，极富幽默感。如《三国演义》第二回“张翼德怒鞭督邮，何国舅谋诛宦竖”中关于张飞怒鞭督邮的描写：

张飞大怒，睁圆环眼，咬碎钢牙，滚鞍下马，径入馆驿，把门人哪里阻拦得住，直奔后堂，见督邮正在厅上，将县吏绑倒在地。张飞大喝：“害民贼！认得我么？”督邮未及开言，早被张飞揪住头发，扯出馆驿，直到县前马桩上缚住；攀下柳条，去督邮两腿上着力鞭打，一连打折柳条十数枝。

再如第三十八回“定三分隆中决策，战长江孙氏报仇”中，玄德三访孔明时，关公、张飞在外立久，不见动静，人见玄德犹然侍立。请看张飞的言语：

张飞大怒，谓云长曰：“这先生如何傲慢！见我哥哥侍立阶下，他竟高卧，推睡不起！等我去屋后放一把火，看他起不起！”

张飞的这些富于个性的言语，是那么的滑稽，又是那么的富有幽默感，从而使他形象生动、逼真。

《水浒传》中的李逵，也是一个特别生动的形象。第七十三回“黑旋风乔捉鬼，梁山泊双献头”中，李逵听说宋江夺了太公的女儿，要向宋江讨还。请看书中所述：

李逵、燕青径望梁山泊来，直到忠义堂上。宋江见了李逵、燕青回来，便问道：“兄弟，你两个哪里来？错了许多路，如今方到。”李逵那里答应，睁圆怪眼，拔出大斧，先砍倒了杏黄旗，把

“替天行道”四个字扯得粉碎,众人都吃一惊。宋江喝道:“黑厮又做甚么?”李逵拿了双斧,抢上堂来,径奔宋江……李逵道:“我闲常把你做好汉,你原来却是畜生!你做得这等好事!”

第七十五回“活阎罗倒船偷御酒,黑旋风扯诏骂钦差”,陈太尉前往梁山泊招安,单不见了李逵,书中写道:

萧让却才读罢,宋江已下皆有怒色,只见黑旋风李逵从梁上跳将下来,就萧让手里夺过诏书,扯的粉碎,便来揪住陈太尉,拽拳便打……李逵道:“你那皇帝,正不知我这里众好汉,招安老爷们,倒要做大!你的皇帝姓宋,我的哥哥也姓宋,你做得皇帝,偏我哥哥做不得皇帝!你莫要来恼犯着我黑爹爹,好歹把你那写诏的官员,尽都杀了。”众人都来解劝,把黑旋风推下堂去。

这些滑稽、幽默的语言动作,把李逵疾恶如仇,坚决反对招安的个性特征,惟妙惟肖地描绘出来了。

明代的小说,已经出现鸿篇巨制,其中所蕴浓郁幽默也是破天荒的。但是,较多停留在外部事件、动作的滑稽,较多荒唐的笑料,而对内心深处的开掘是不足的。

我国清代古典文学名著《红楼梦》中,不乏闪耀出幽默光彩的故事,至今读来仍令人捧腹。如第四十回“史太君两宴大观园,金鸳鸯三宣牙牌令”中,由刘姥姥的幽默,引出了“群笑图”,堪称是“千古之笑”。也可见,曹雪芹是工于幽默的。文中这样描述:

那刘姥姥入了坐,拿起箸来,沉甸甸的不伏手……刘姥姥见了,说道:“这个叉巴子,比我们那里的铁掀还沉,哪里拿的动它?”说的众人都笑起来……

贾母这边说声“请”,刘姥姥便站起身来,高声说道:“老刘,老刘，食量大如牛：吃个老母猪，不抬头！”说完，却鼓着腮帮子，两眼直视，一声不语。众人先还发怔，后来一想，上上下下都一齐哈哈大笑起来。湘云掌不住，一口茶都喷出来。黛玉笑岔了气，伏着桌子只叫“嗳哟！”宝玉滚到贾母怀里，贾母笑的搂着叫“心肝”，王夫人笑的用手指着凤姐儿，却说不出话来。薛姨妈也掌不住，口里的茶喷了探春一裙子。探春的茶碗都合在迎春身上。惜春离了座位，拉着他奶母，叫“揉揉肠子”。地下无一个不弯腰屈背，也有躲出去蹲着笑的，也有忍着笑上来替他姐妹换衣裳的。……刘姥姥拿起箸来，只觉不听使，又道：“这里的鸡儿也俊，下的这蛋也小巧，怪俊的。我且得一个儿！”众人方住了笑，听见这话，又笑起来。

刘姥姥的坦率，她的语言风格、举止言谈，同大观园内的“规范”全然不同，是大观园一帮人见所未见、闻所未闻的，因而在大观园的姐妹们看来是谐趣的、滑稽的，所以会引起他们的兴趣，并博得他们阵阵“捧腹大笑”。

曹雪芹在《红楼梦》中，还用了相反相成的方法刻意描绘了刘姥姥式的幽默。《红楼梦》第四十回最后，在姐妹们都对完鸳鸯的牙牌令后，便要刘姥姥对答，书中这样写道：

鸳鸯答道：“左边‘大四’是个‘人’。”刘姥姥听了，想了半日，说道：“是个庄家人罢！”众人哄堂笑了。……鸳鸯道：“中间‘三四’绿配红。”刘姥姥道：“大火烧了毛毛虫。”……鸳鸯笑道：“左边‘么四’真好看。”刘姥姥道：“一个萝卜一头蒜。”众人又笑了。鸳鸯笑道：“凑成便是‘一枝花’。”刘姥姥两只手比着，也要笑，却又掌住了，说道：“花儿落了结了个大倭瓜。”众人听了，由不得大笑起来。

从《红楼梦》的这些精彩的幽默故事中，我们不难看出，到了清代，创造幽默和欣赏幽默的能力已得到了很大的发展。

辛亥革命后，五四运动以科学与民主的大旗，猛烈地扫荡了封建意识形态，西方文化的传入，东方文化蜕变更新。在这一时期，各种艺术样式都或多或少受到“渗透”和影响。散文中派生出幽默讽刺的体式“杂文”；曲艺中“笑的艺术”相声已趋成熟；戏剧中的“喜剧”也终于成型。思想文化界也曾对“幽默”与“笑”进行了几次大讨论。以鲁迅、老舍、钱锺书为首的艺术大师们，使幽默艺术发展到了一个崭新的阶段。

例如鲁迅先生的杂文《准风月谈》、《花边文学》及三本《且介亭杂文》（即《且介亭杂文》和它的二集、末编），就是反动派加紧压迫言论自由，一些报刊编辑发出呼吁，请求作者少谈政治，多谈风月的情况下，用灵活的战法，从更加广泛的题材中，从许多细小的生活现象中，用嬉笑怒骂皆成文章的笔法，来透视当时的社会生活，达到揭露黑暗的效果。

中华民族幽默的传统源远流长，因此，更应发扬传统，“古为今用，洋为中用”，增强我国文化的幽默成份。近年来，幽默的发展是前无古人的。出版的“幽默小说集”、“笑语录”等等数以百计；专门性的杂志《讽刺与幽默》，报纸《杂文报》等大量发行；相声、滑稽戏、喜剧电影、漫画……赢得最广大的听众与观众，更使幽默艺术达到了一个新的高峰。

善谈者必善幽默

——口才的标志

当我们的社会广泛地通过一种笑的能力而被熟知，当每一位公民业已被笑所征服，他就置身在一种和睦的气氛中，于是乎，才会真正领悟到幽默的内在含义。笑，往往有助于人们的理性认识和道德评价，它是知、意、情的复合，也是真、善、美的统一。讥讽的笑，是通过对丑的否定来间接地肯定美；而赞美的笑，是以愉快、欢悦的感情，用这种体验来肯定美。

斯大林是一位善于演讲的幽默家，他在《在莫斯科市斯大林选区选举前的选民大会上的演讲》中有这样一段话：

同志们，你们自己知道，丑儿家家都有。（笑声，鼓掌）……果戈理说："这种人确定的，不三不四的人，使你弄不清他们究竟是什么样的人，既不像人，又不像鬼。"（欢跃，鼓掌）……

我不能准确地说，在代表候选人（当然我对他们很抱歉）中间和我们的活动家中间，没有那种多半是政治庸人的人，没有那种在性格上和面貌上很像民间所说的"既不像供神的蜡烛，也不像喂鬼的馒头"的人（笑声，鼓掌）。

听了这样的演讲，你会情不自禁地为演讲者擅用民间故事、诙谐的语言制造幽默而拍案叫绝。事实上,优秀的演说家,总能在演讲中穿插进民间传说、典故、寓言,以增强演讲的幽默感和讽刺的力量,以提高演讲的生动性、趣味性及战斗力量。通过这样的演讲,观众了解了演讲者,演讲者也“推销了自己的观点”。演讲者与听众之间彼此有了高度的默契,相互之间心领神会,造成了一种幽默感,讲清了道理,虽说没有“言正词严”,但却是给人们深刻的教育,可以说是“含笑谈真理”,使那些认识不清的人容易听进去,引起高度的重视。

高明的演讲、交谈总是充满幽默,如果在一次演讲中能让听众发出几阵会心的笑,便能收到良好的效果。斯大林的这段演讲不到两百字,竟引起三次笑声和掌声,可见多么富于幽默感。

含笑谈真理,往往是受人们欢迎的,何乐而不为?有人赞美笑是礼貌之花,笑是友谊之桥。著名科普作家高士其说:“笑是美的姐妹,笑是善的良友,笑是爱的伴侣;笑有笑的哲学,笑有笑的文学,笑有笑的教育学。”由此可见,笑是神通广大的,生活中不能缺少舒心的、快感的、爽朗的笑声。而幽默,能寓于谐,给人以轻松、优美之感,能使真理更耐人寻味,谚语说得好:“笑是力量的亲兄弟。”笑,表达出人类征服忧患的能力;笑,也能增强人们的友谊、信任和联系,而幽默的笑是一种有趣的、高尚的、会心的、意味深长的笑。

在演说报告、社交谈话中,一些信手拈来的妙词佳句,就地取材的风趣言语,灵机一动所产生的富于哲理的闪光,既使演讲者调节了节奏,也使听者解除了疲劳。这样既有助于深化主题,又能活跃谈话气氛。

英国哲学家培根曾经说过:“善变者必善幽默。”

幽默风趣的谈吐，无论是在日常生活中，还是在重大的社交场合，都是离不开的。说话的幽默是指我们在谈吐中，利用语言条件，对事物表现诙谐、风趣的情趣。幽默的谈话不仅能吸引听者的注意力，而且还能与听者建立起亲密的关系。要是你的话能使听者情不自禁地笑起来，就表明听者已完全进入了与你的思想交流之中。所以人们说幽默的谈吐是口才的标志之一。

英国有一位美貌风流的女演员，曾写信向萧伯纳求婚，并表示她不嫌萧伯纳年迈丑陋。她在信里写道："咱们的后代有你的智慧和我的外貌，那一定是十全十美的了。"

萧伯纳给她回了一封信，说她的想象很美妙，"可是，假如生下的孩子外貌像我，而智慧又像你，那又该怎样呢？"

萧伯纳这位大师，把深刻的哲理寓于幽默的谈吐之中。可以这么说，在生活中，谁都喜欢跟那些谈吐幽默、机智风趣的人交谈，而好口才的人，差不多都有这样诙谐的语言，具有极强的幽默感。

英国作家哈兹里特曾把幽默在谈吐中的作用，比作是炒菜中的调味品，这是很恰当的，它说明幽默风趣在谈话中是绝不可缺少的。尽管你的说话有许多实在的内容，假如没有幽默，就没有味道，也缺少魅力。然而幽默虽然能使听者对你的说话感兴趣，但它并非食物，很少能从根本上改变听者的态度。所以，我们对幽默风趣的作用，既不要小看，也不宜估计过高。

幽默风趣在谈吐中的作用，是很多的，主要可以分为以下几个方面：

第一，调节气氛，缩短距离。

善说者一席幽默的话语，往往既可活跃气氛，又可把两者之间的距离缩短。因此,无数事例可以证明,风趣幽默是说者和听者建立融洽关系的有效的途径与手段。

比如,由于商品经营者的过失,使顾客的利益遭受损害,导致顾客的强烈不满,消费者同经营者之间产生了很大的矛盾。

一天,乳品厂的厂长室里,冲进来一位顾客。只见他手拿一瓶酸牛奶,气冲冲地对厂长说:“这样的酸牛奶能喝吗?我要求赔钱,你们的售货员还不答应,岂有此理!现在,我们一起上法院论理吧!”

厂长拿过那瓶酸奶,发现其中夹杂着玻璃碎片,不禁大吃一惊。但他很快镇静下来,向那位顾客问道:“请问,这酸奶您喝过没有?要是已经喝了,那咱们还是先上医院检查一下,回头再上法院吧!”

厂长这句幽默的话语,大出那位顾客意外,反倒令他有点不好意思了。只见他满脸的怒气即刻消失一大半,开始平心静气地提出他的意见和建议了。一触即发的紧张气氛顿时变得轻松,两方之间的距离也开始缩短了。

这里再举一例:在50年代的思想改造运动中,曾发生过这样一件事。由于某些基层干部作风粗暴,使一位老教授投河自杀(由于及时发现,被人救了起来)。陈毅同志知道后,把有关干部叫去狠狠地进行了批评,要他们主动去赔礼道歉。后来,在一次老教授参加的高级知识分子大会上,陈毅同志说:“我说你呀,真是读书一世,糊涂一时,共产党搞思想改造,难道是为了把你们整死吗?我们不过想帮大家卸下包袱,和工农群众一道前进,你为啥偏要和龙王爷打交道,不肯和我陈毅交朋友呢?你要投河也该打个电话给我,咱们再商量商量嘛!当然啦,这件事主要怪基层干部不懂政策，也怪我陈毅教育不够……”

陈毅同志这一席话，活跃了气氛，增强了语言的亲切感，使其中所含的批评与自我批评显得那么自然得体，易于被人接受。

第二，脱离困难，消除尴尬。

幽默的谈吐常常能使局促、尴尬的局面变得轻松和缓，使双方摆脱困境，也消除了尴尬。

美国著名小说家马克·吐温有一天去某小城。临行前，别人告诉他那里的蚊子特别厉害。到了那个小城，正当他在旅店登记房间时，一只蚊子正好在面前盘旋。那个职员面露尴尬之色，忙驱赶蚊子。

马克·吐温却满不在乎地对职员说：“贵地的蚊子比传说中的不知聪明多少倍。它竟会预先看好我的房间号码，以便夜晚光顾，饱餐一顿。”

大家听了不禁哈哈大笑。结果这一夜马克·吐温睡得十分香甜。原来，旅馆的职员听了马克·吐温的讲话，全体职工一起出动，想方设法不让这位博得众人喜爱的作家被“聪明的蚊子”叮咬。

可举的例子是很多的，这里再举一例：

有一天，年迈的萧伯纳在街头被一个骑自行车的人撞倒，虽然没有撞伤，但这一惊也非同小可。那个骑自行车的人立即扶起戏剧家，并忐忑不安地向他道歉。然而，萧伯纳打断了他的话并对他说：“不，先生，您比我更不幸，要是您再加点儿劲，那就可作为撞死萧伯纳的好汉而永垂史册了！”萧伯纳的答话不仅表现了他的幽默的气质，也袒露了他宽阔的胸怀，很快使双方摆脱了困境。

第三，揭露缺点，进行批评教育。

幽默采用影射、讽刺的手法，机智、灵活、巧妙地揭露他人的缺点，善意地进行批评，使人难以发怒，在笑声中接受教育。

一次，伟大的生物学家达尔文被邀赴宴。宴会上，他恰好和一位年轻美貌的女士并排坐在一起。

“达尔文先生”，坐在旁边的美人带着戏谑的口吻向科学家提出疑问，“听说你断言，人类是由猴子变来的，我也属于您的论断之列吗？”

“那当然啰！”达尔文白了她一眼，彬彬有礼地答道。

“我像猴子吗？”美人带点嘲弄地说。

“不过，您不是由普通的猴子变来的，而是由长得非常漂亮的猴子变来的。”

在这里，达尔文机智、巧妙地揭露了这位美貌女士的无知和自命不凡，善意地进行了批评。

我们不妨再看一个幽默的例子：

温斯顿·丘吉尔是英国著名的首相。有一次，他的政治对手阿斯特夫人对他说：“温斯顿，如果你是我的丈夫，我会把毒药放在你的咖啡里。”

丘吉尔笑着说：“夫人，如果我是你的丈夫，我就会把那杯咖啡喝下去。”

丘吉尔的话含义深邃，对阿斯特夫人进行了辛辣的讽刺。

第四，评判是非，领悟哲理。

风趣幽默在说话中将人的智慧和语言技巧巧妙地结合起来，揭示出事物的深刻含义，富有哲理，含不尽之意于言外，使人在含笑中评判是非，领悟哲理，增长智慧。

一位年轻的画家拜访德国著名的画家阿道夫·门采尔,向他诉苦说:“我真不明白,为什么我画一幅画只用一会儿工夫,可卖出去却要整整一年。”

“请倒过来试试吧,亲爱的。”门采尔认真地说:“要是你花一年的工夫去画它,那么只用一天,就准能卖掉它。”

门采尔的幽默话语,的确含不尽之意于言外,使人在含笑中评判是非,增长智慧。

著名的现代航空大师西莫多·冯卡门在八旬高龄时获得了美国第一枚“国家科学勋章”。授勋仪式结束走下台阶时,冯卡门因患严重关节炎,显得步履艰难。在一旁的美国总统急忙上前搀扶他。老人向他报以感激之情,然后轻轻推开总统的手,说了一句俏皮话:

“总统先生,下坡而行者,不需搀扶,唯独举足攀登者,才求助他人一臂之力。”

一句幽默的话,引得众人大笑不已。这样的幽默语,不仅使人感到轻松、愉快,而且寓意深刻,也使人在笑声中领悟到其中的哲理。

第五,宽松精神,感受美感。

有人说:“没有幽默感的语言是一篇公文,没有幽默感的人是一尊雕像。”这话很有见地。当今社会高效率、快节奏、信息量大,这样必然会使人的大脑容易产生疲劳。如果我们的生活多点笑声,多点幽默,就会消除人们的烦躁心理,保持情绪的平衡。说话,在某种程度上具有一定的娱乐性。它不会让人感到紧张、费力,而会给人一种舒适轻松之感。

有这么一件可笑的事:

一天晚上，一位先生在马路上丢失了一只金戒指。当时路灯很暗，他无法寻找。

这位先生急急地赶回家，就在房间里到处找起来。他妻子问："你找什么东西？"

"我找戒指。"

"你是在家里丢掉的吗？"

"不，在马路上。"

"那你为什么要在这里找？"

"因为马路上黑，家里亮。"

幽默的谈吐往往惹得人们捧腹而笑，然而，谈吐的风趣也是一种美感，给人以美的享受。

有个大财主订了个规矩：庄稼人遇到他，都得敬礼，否则便要挨鞭子。

一天，阿凡提经过这里，碰上了大财主。

"你为什么不向我敬礼，穷小子！"大财主怒不可遏。

"我为什么要向你敬礼？"

"我最有钱。有钱就有势，穷小子，你得向我敬礼，否则我就抽你！"

阿凡提站着不动。

围观的人越来越多，大财主有点心虚，便压低声对阿凡提说："这样吧，我口袋里有一百块钱。我给你五十块，你就向我敬个礼吧！"

阿凡提慢慢悠悠地把钱装进兜里，说："现在你有五十块钱，我也有五十块钱，凭什么非要向你行礼不可呢？"

周围的人大笑起来，大财主又气又急，一下子把剩下的五十块也拿了出来:“听着,如果你听我的,那我就把这五十块钱也送给你!”

阿凡提又把这五十块钱收下,接着严肃地说:“好吧,现在我有一百块,你却一分钱也没有了。有钱就有势,向我行礼吧!”

大财主目瞪口呆。

阿凡提的故事虽然带有寓言的色彩,但他的话语的确逗人,给人以美的享受。

风趣幽默不由天

——幽默与勤学苦练

我哪里是什么天才呢,我连别人喝咖啡的时间都要用在我的工作上。

有人说过,幽默感是判断一个伟大民族智慧和气质的尺度。

幽默是话语,具有愉悦、美德作用和批评教育作用,还有讽刺的作用。列宁曾说:“幽默是一种优美的、健康的品质。”口才的培养,不仅仅在于口齿伶俐,以幽默的谈吐来增强交际的生动性和亲切感,而且,已被看成是一个人的优点。国外把“有幽默感”作为评价大学教学好坏的标准之一。可见,语言具有幽默感是何等的重要。

有的人说,幽默的确重要,但我天生嘴笨,不可能有风趣幽默的谈吐。幽默真是天生的吗？事实并非这样。

既然幽默的谈吐是一个人思想意识、智慧和灵感在语言运用中的结晶,那么提高说话的幽默感,我们可以从以下几个方面作些努力。

第一,高尚的情操,乐观的人生观。

“幽默属于乐观者,幽默属于生活中的强者。”这话是有道理的。幽默的谈吐是建立在说话者思想健康、情趣高尚的基础之上的。它对人提出善意的批评和规劝,它必然要求批评者有较高的思想境界和较高的涵养。一个心地狭窄、思想颓唐的人是不会有幽默感的。幽默者品德要高尚,要心宽气朗,对人充满热情。老一辈革命家,无数的哲人,他们在与人讲话、谈心时,言谈话语间时常流露出幽默感,使人感到分外热情、亲切,这当然与他们具有乐观的精神,高雅的情趣息息相关。

在美国曾有这么一件令人称道的事。

美国哲学家乔治·桑塔亚那选定在某天结束他在哈佛大学的教授生涯。是日,他在哈佛大礼堂讲最后一课的时候,一只美丽的知更鸟停在窗台上,不停地欢叫着。桑塔亚那出神地打量着小鸟。许久,他转向听众,轻轻地说:

“对不起,诸位,失陪了,我与春天有个约会。”讲毕,疾步走了出去。

这句美好的结束语充满了诗意,颇具幽默感。可以肯定地说,不热爱生活的人,无论如何也说不出这种诗一般的语言。

恩格斯曾经说过:“幽默是表明工人对自己的事业具有信心并且表示自己占有优势的标志。”

有乐观的信念,才能对于一些不尽人意的事也可泰然处之。

有一次，林肯在森林里遇到一个老太婆，她对林肯说："你是我见到过的最丑的一个人。"

林肯回答他说："请多包涵，我是身不由己。"

老太婆笑了，说："我倒不以为然，你却应当呆在家里不出门啊！"

这个故事，是林肯亲口给人们讲的。林肯的这番趣谈，使听众前仰后合，又使人们觉得：他是多么坚强，多么自信啊！他敢于面对现实，他敢于笑自己，是一个心地诚实的人。能够经受住历史长河的考验，这决不是偶然的。

说话幽默是一个人对待生活态度的反映，是对自身力量充满自信的表现。一个人只有对自己的前景充满希望，他才能发出由衷的笑声，即使暂时处于逆境，仍会对生活充满信心，在生活中发掘幽默，用快乐来熨平生活留下的伤痕。而对于整天皱着眉头的人来说，生活充满了痛苦、绝望，快乐不过是幻觉，像这样的人，他们的谈吐还有什么幽默可言呢？

著名的古希腊寓言家伊索是奴隶出身。有一次，主人派他进城去。半路上，他偶然遇到一位法官，法官严厉地盘问他："你去哪儿？"

"不知道。"伊索回答说。这样的回答使法官起了疑心，于是把他投入监狱。

"但是，要知道，我讲的全是实话。"伊索在狱中提出了抗议："我确实不知道会进入监狱。"

法官听后笑了起来，把他释放了。

伊索作为一个奴隶，被投入监狱，也实在是处于逆境了。但他仍然对生活充满乐观，发掘着生活中的幽默。因此《伊索寓言》早在公元前6世纪就成为西方寓言的开端，它以数以百计的独立完整的小寓言缀成，寓言的语言精警有味，形象生动有趣，宛如一只只小蜜蜂。

德国伟大的诗人、思想家海涅是一个无神论者，他在临终告别人世时的最后一句话是："上帝会不会忘记我——那是他自己的事。"

美国能言善辩的演说家亨利·瓦尔德比彻临终前说出了他一生中最后一句幽默的话语："现在，神秘奥妙的世界降临了。"

无论是海涅还是亨利·瓦尔德比彻，都是乐观者，这里都看不到对于死的悲哀，看到的是对人生的哲学思考，他们的幽默感一直持续到生命的最后一息。

第二，良好的文化素养和表达能力。

一个人幽默的谈吐，是同他的聪明才智紧密相连的。因此，这就要求我们有良好的文化素养，丰富的文化知识。如果一个人对古今中外、天南地北的历史典故和风土人情等有所了解和掌握，再加上有较强的驾驭语言能力，说话就容易生动、活泼和谐趣。遍观古今中外著名的幽默大师，往往又都是语言大师。幽默并不是矫揉造作，而是自然的流露，有人非常有见地且深有感触地说："我本无心讲笑话，笑话自然从口出。"其中的道理正说明了这一点。

古今中外浩瀚的书籍中，特别是在讽刺小说、喜剧剧本、笑话集和寓言等作品中，关于幽默语言的记述甚多，多多阅读这些作品，我们可以从中受到启发。此外，还可以多欣赏些滑稽剧、相声等文艺节目，从而开阔眼界，丰富知识。因为，幽默是在广闻博见的基础上产生奇妙联想而涌现出的语言，有时只消几句话就能说明许多问题。对实际事情，对历史知识所知甚少的人，孤陋寡闻、离群索居或者深居简出的人，是很难把话说幽默的，当然也就谈不上有幽默感了。

上文已经谈到，我国有源远的幽默历史传统。如我国明清时期四大著名长篇小说《三国演义》《西游记》《水浒传》《红楼梦》，或全篇富于幽默谐趣的基调，或其中不少人物、情节形象生动、幽默风趣。多读一些中外名著对提高一个人的文化素质，增强一个人的表达能力大有好处，从而也能逐步地培育自己的幽默感。

第三，敏锐的观察力，丰富的想象力。

反应迅速是幽默谈吐的特点之一，这就要求说话者思维敏捷，能言善辩。然而，这些又是对生活的深刻体验和对事物的认真观察的结果。敏锐的观察力不仅是科学研究中必备的条件，也是产生幽默谈吐的重要因素。

以语言犀利、锋芒毕露见长的英国生物学家赫胥黎，在一次讲演中勇敢抨击了当时的社会对科学的极不公正的态度，他说："科学这位'灰姑娘'天天升起火来，打扫房间，准备餐食；而到头来，人们给她的报酬则是把她叫做贱货，说她只配关心低级的物资的利益。"他 60 岁那年，怀着既沉重又难舍的心情辞去了英国皇家学会会长的职务，他在一次讲话中说："我的理智和良心已经向我指出，我已经无法完成这个会长职位的各项重大任务，所以我一分钟也不能干下去了。"这位德高望重的老人痛心地讲完上述话语后，又无不谐趣地对朋友们说："我刚刚宣读完了我去世的官方讣告。"

赫胥黎以拟人化的比喻，将教会和习惯势力摧残扼杀科学的狰狞面目揭示得淋漓尽致,因而具有震撼人心的力量。他又风趣幽默地将辞职演说喻作“官方讣告”,这正是他自己复杂、痛苦内心的写照。科学家如果没有对事物入木三分的观察力,是无论如何也说不出如此传神的话语来的。

要把话说得幽默,要做到“意料之外,情理之中”,没有丰富的想象力是难以奏效的。必须能够把一件平凡的事物由里往外、由外往里看个透,一两句话就能把那讳莫如深的东西端出来,凭借丰富的想象力,来创造幽默,从人们所熟视无睹的现象中创造出别人所不问津的东西。每个人都具有想象力和创造力,切莫自己束缚自己。

具有想象力的幽默例子是很多的,现举一例。

主人请客人在家里吃饭,客人酒足饭饱仍不想告辞。主人终于忍不住了,指着窗外树上的一只鸟对客人说:“最后一道菜这样安排:砍倒这棵树,抓住这只鸟,再添点酒,现烧现吃,你看怎样?”

客人答道:“只恐怕没砍倒这棵树,鸟早就飞了。”

“不,不!”主人说,“那是只笨鸟,不知道什么时候该离开。”

从上例可以看到,这位主人的确有着丰富的想象力,因此,幽默的语言脱口而出。

另外,一个人的幽默感同他的社会活动紧密相连。要使自己的语言幽默,最好的办法是向生活学习,向社会学习。中外无数的大政治家、大思想家、大文豪都是极富幽默的人,而在我们的周围也不乏颇富幽默感的人。跟各行各业的人聊天,你会经常意外地发现他们运用语言之妙,表达之风趣,足以令人倾倒。在接近各种各样的人中,你会增强自己语言的库存和会话的才能。幽默，也是一种酵母，跟幽默的人在一起呆长了，自己就会受到“传染”。我们要有意识地多接近幽默感强的人，通过接触与交谈，增强幽默感。

第四，注意言语的健康、含蓄、新颖。

说话幽默风趣，切忌出怪相，油腔滑调或低级趣味。

虽然我们不能苛刻地要求幽默的语言都要有深刻的思想意义，因为它是一种诙谐风趣的语言，但一定要健康，切莫庸俗、轻浮，也不能混同无聊的调笑。

例如：有的人嘲笑人家的生理缺陷，如口吃，跛脚等等，这是很不道德的。又如有的人对男女之间的话题津津乐道，绘声绘色；以此哗众取宠，博得哈哈一笑。这样非但不能表现你的幽默，反而显露你自己的庸俗和浅薄。幽默的出发点应当是善意的，有利于团结和身心健康的。

说话人含而不露的神情会增加幽默的效果，因此，谈吐宜含不宜露，宜淡不宜浓。我们每个人都有这样的体会，一个人在说笑话之前，如果把自己笑得前仰后合，笑得透不过气来，怎么叫人产生幽默之感呢？

另外，幽默也不能过于深奥，应随俗易懂，否则使人像猜谜一样，百思不得其解，也达不到笑的效果。

最后，再提一下，人们对新鲜东西才感兴趣。因此，即使是很幽默的话，讲了多遍也会使人厌烦，应力求新颖，言人之未言，发人之未发。

总而言之，只要我们认真从上述几方面来努力，是一定能提高说话的幽默感的。

沟通心灵的艺术

——幽默的力量

以热切的语调，真实的细节和充满戏剧性的情节引出你的幽默力量……

在现实生活中，每个人都愿意使自己的生活及自己与他人的关系变得更加富有意义。那么，如何才能实现这一转变呢？

我们的生活的确太需要健康的笑声了，否则，生活则会变得枯燥、刻板。那么，笑声的来源在何处？

幽默的谈吐，是生活中笑声的一个重要来源，它能使沉闷紧张的气氛变得轻松活泼，使人感到说话者的热情与善意，使说话者的观点容易被人采纳和接受。发挥你的幽默的力量，用来帮助别人时，你会发现，你同时也在为自己建立更富有意义的生活。这幽默的力量好比一座桥梁，缩短了人与人之间的距离，填平了人与人之间的沟壑。

幽默的力量，是沟通人们心灵的艺术，充分发挥它的作用，必将促进我们当今社会的精神文明建设。

第一，生活的润滑剂。

幽默力量的形式，主要取决于每个人的情绪如何，而不是取决于每个人的理智。你的幽默力量取决于你的本身，可以表现你的真诚、坦率,表现你宽阔的胸襟和美好的力量。

真正的幽默的核心是爱,因此,它是发自内心的,是从心灵深处涌出的。在日常的社会交往中,幽默给人一种亲切、宽松与平等的感受,即使是借幽默来批评人,也应该满腔热情,与人为善。

世界是充满矛盾的,没有矛盾就没有世界。因而,生活中也常常会发生这样或那样不愉快的事,它往往在很大程度上影响着人们的情绪,挫伤人们之间的感情。为了使生活不致于枯燥,需要润滑剂,幽默就是一种润滑剂。请看一则郭老“妙笔回春”的故事:

1962 年秋天,郭沫若先生游览普陀山“梵音洞”时,拾到一本笔记本,打开一看扉页上写一副对联:

年年失望年年望,处处难寻处处寻。横批:春在哪里?

再翻笔记本,是一首绝命诗,所署的时间是当天。郭老看后,立即叫人去寻找。这位失主是一位神色忧郁、行动失常的年轻姑娘。她叫李真真,高考三次落榜,爱情也遭挫折,一狠心便要“魂归普陀”。郭老耐心地开导她,并为她改写对联:

年年失望年年望,事事难成事事成。横批:春在心中。

姑娘看后感佩不已,就把自己的心事倾吐出来,郭老听后奋笔疾书一联:

有志者,事竟成,破釜沉舟,百二秦关终尽楚。

苦心人,天不负,卧薪尝胆,三千越甲可吞吴。

下面写着“蒲松龄落第自勉联”。

李真真看后,请郭老题名。郭老写上了“郭沫若,六二年秋”几个字。

姑娘见此，惊喜万分。再三表示要永记教诲，在人生道路上奋勇跋涉。李真真还大胆作诗答谢郭老。诗曰：

梵音洞前几彷徨，此身已欲付汪洋。妙笔竟藏回春力，感谢恩师救迷航。

我们设身处地地为李真真想一想，高考三次落第，爱情遭受挫折，这种种打击当然非同小可。而郭老怀着对下一代诚挚的爱，不仅对她做了开导工作，而且风趣幽默地为她改诗，并赠送她“蒲松龄落第自勉联”，劝告她“有志者，事竟成”。伟人如此这般循循善诱的亲切教诲，使李真真心悦诚服，并写下“妙笔竟藏回春力，感谢恩师救迷航”的答谢诗句。

在生活中，随时都会有不顺心的事发生。例如：本想找份称心如意的工作，但却事与愿违；十二年寒窗一心想考上名牌大学，结果却名落孙山；交往已多年的朋友终不能成眷属，到头来还是“吹了”；上班的，上级绷着脸，同事们不肯合作；开店的，现有商品积压，畅销商品购进又无资金；学生不听老师的话；老夫妻还时常抬杠……所有这些令人心烦的事，使人彻夜辗转难眠，情绪破坏，影响生活、工作与健康。你切记要以幽默的态度来对待，使情绪迅速“由阴天转晴”，切莫长久地沉湎于悔恨和忧虑之中。

用一位比赛失利的篮球教练所讲的话，可以说明幽默的力量能让人们自我解脱。

这位教练所带的篮球队，在刚刚结束的一场关键性比赛中失利，使球迷们大失所望。有人问他什么时候能够转败为胜，他不加思索地回答：“在唱完国歌之后！”这位教练用幽默的力量对付现实的打击，没有失望，没有泄气，一方面把刚才的失败看成暂时的，另一方面又对何时能取胜的问题做了留有余地的答复。要知道，在每一场重要球赛之前都是要唱国歌的。他的回答既幽默又巧妙，是值得学习的。

面对严重的挫折，如果人们能够谈笑自若，那么简直就可说是极富幽默了。

第二，笑声之中鸣警钟。

今天，虽然我们的国家正处于繁荣昌盛的时期，但丑陋的东西依然存在于某些角落，用幽默来揭示或讽刺丑恶的现象和种种弊病，在笑声中擦亮人们的眼睛，在笑声中鸣响生活的警钟，是非常必要的。

某市一位颇有地位的人物，参加了市交通会议，最后由他做了总结发言。他反复强调搞好交通管理的重要性。

发言快结束时，他突然提出一个问题："你们规定，行人都走右边，这不行。都走右边，谁走左边呢？"

这则幽默，像是一个笑话，带有明显的夸张色彩，它讽刺了某些领导干部的不学无术，真叫人啼笑皆非。

再看一则题为"后门"的幽默：

某经理乔迁新居，叫电工来安装电铃。

经理："请你把电铃安在后门。"

于是，电工将电铃装在后门门框一侧。

经理又说："不能装在这儿。"

电工疑惑："那安在哪儿？"

那位经理指着门框下角，"安在这儿"。

电工愕然,反问道:“安到这儿怎么按呢?”

经理狡黠地说:“用脚按。凡进我这门的人,双手都拿着东西。”

“后门”这则幽默,对某些干部收受礼物的不正之风进行了揭露,既辛辣又风趣,能很好地起到教育作用。

一位顾客到饭馆去吃饭,米饭中沙子很多,他把沙子吐出来,一一放在桌子上。服务员见此情景很是不安,抱歉地说:“净是沙子吧?”那顾客摇摇头微笑地说:“不,也有米饭。”

如果我们设身处地地为这位顾客想一下,花钱去吃饭,到头来买到的却是“沙子饭”,心里是多么憋气啊!但是,发脾气又于事无补。这位机智的顾客,用了一句曲折、幽默的回答,既解除了服务员的尴尬情态,又把沙子多的程度极其生动、恰当地反映了出来。这样婉转、含蓄的话语,使服务员心悦诚服地感到自己的工作没有做好,给顾客增添了不少的麻烦。

当然,人们在用嬉笑怒骂的形式来发泄、用幽默以匡正时弊的时候,一定要注意对象和火候,要有分寸感,要抱治病救人的态度,切莫挖苦和鞭笞。

第三,调节人际关系。

处身于高速度发展、生活节奏在不断加快的社会,我们每个人天天都要面临新的生活。早上起床,要自我“充电”,以便接受种种挑战。如果有人使我们笑,我们就容易对那个人产生好感,幽默能使给予和接受双方的自我感觉都良好。心情愉快时,人们自然以一种乐观的态度去看待一切,站在比较容易接受意见的角度看问题。请记住:在别人高兴的时候提出你的要求,就比较容易得到满足。所以,利用幽默能调节人际关系,使对立变成和谐,紧张化为轻松。

某航空公司的大型客机即将起飞,航空小姐用悦耳的声音在机舱的广播中说:“飞机即将起飞,请大家灭掉香烟,扣好安全带。”机上乘客个个都及时照着做了。五分钟以后,航空小姐又回到播音室。此时,她的声音更加悦耳动听了:“现在请各位把安全带收得更紧一点,实在抱歉,我们刚才发现,应带上飞机的午饭全都忘在机场上了。”

午饭全忘在机场上了,乘客只得饿肚子了。航空小姐却用更加悦耳动听的声音说请各位把安全带收得更紧一点,这的确不乏幽默,也正因为她的声音悦耳动听,容易获得乘客的好感,取得乘客的谅解。

在某些危机关头,只要来一点点幽默,便可使一些不愉快烟消云散。

苏格拉底的妻子是个泼妇,她心胸狭窄,性格冥顽不化,喜欢唠叨不休,动辄破口大骂,常使这位堂堂的哲学家困窘不堪。一次,别人问苏格拉底“为什么要娶这么一个夫人”时,他回答说:“擅长马术的人总要挑烈马骑,骑惯了烈马,驾驭其他的马就不在话下。我如果能忍受得了这样的女人的话,恐怕天下就再也没有难于相处的人了。”

据说苏格拉底就是为了在他妻子烦死人的唠叨申斥声中净化自己的精神才与她结婚的。

这天,在老婆大吵大闹,很长时间不肯罢休的情况下,苏格拉底只好退避三舍。他刚走出家门,他老婆突然从楼上倒下一大盆水,把他浇成一只落汤鸡。苏格拉底却满不在乎地说:“雷鸣之后免不了一场大雨。”

德国大诗人海涅是犹太人,常常遭到无礼的攻击。在一次晚会上,一个旅行家对他说:

“我发现了一个小岛,这个小岛竟然没有犹太人和驴子!”

海涅白了他一眼,不动声色地说:“看来,只有你我一起去那个岛上,才会弥补这个缺陷。”

人际间应该友好相处,互相尊重,不应以任何借口去歧视别人,这是人际交往的准则。但在生活中也时常会遇到一些有意或无意的不尊重人的行为,对于一些粗暴无礼的言行,用幽默之枪进行还击,是一种得体的自我保护的方法,这也是一种特殊的调剂人际关系的方法。

第四,寓教于笑声之中。

无数的实践结果证明,风趣幽默的批评教育,在笑声中容易被人接受,见效也就比较明显了。说起教育,人们容易联想到那一副副正儿八经、毫无笑容的面孔,一套套令人不得要领的抽象理论,一群昏昏欲睡的听众。其实,造成人们的这种理解和印象,完全是由于教育工作的方法不得当。教育,当然是一件严肃的事情,但这并不排斥应该让受教育者发出欢快的笑声。寓教于笑声之中,是教育的有效方法。

有一个“懒师拜懒徒”的幽默,是用来教育那些游手好闲的浪子的。

一个游手好闲的浪子,只恨自己懒得不到家,颇想找一个懒店进修一番。于是,他就到处打听哪里有懒店。

一天,他打听到确有一个学懒店,便欣然前往。到了懒店门口,他屁股充作脸,退着进门去。学懒店的师傅大喝一声:“喂,怎么不懂规矩?为何不把脸对着我?”浪子仍然背对师傅答道:“尊师在上,容愚徒一禀:来时背对师傅,辞别时可不转身也。”师傅一听,瞠目结舌。少顷如梦初醒,拒浪子于门外曰:“我可尊你为师也。”

再举“重建阿房宫”一例,它是用来批评教育行政管理人员的水平和教育水平之低下的。

督学到一所中学巡视,与学生交谈间随口问道:“你知道阿房宫是谁烧的吗?”

学生满脸惶恐,连声说:“不是我烧的,不是我烧的!”

督学啼笑皆非,向校长指责:“贵校的学生国文程度低下,居然说阿房宫不是他烧的。”

盛怒之下,督学写了一封呈文给教育局长,禀明原委。不久,收到局长的复函说:“烧了就算了,再拨经费重建阿房宫。”

批评,是教育工作中对各种不良现象进行斗争的武器。但是决不能像过去那样,简单地归结为一个“斗”字。批评要想达到效果,就必须与人为善,就必须要讲究方式、方法,讲语言艺术。有时候,一句巧妙的幽默言辞的确能顶许多句平淡乏味的说教。

那么,幽默风趣的话语为什么能起到教育作用呢?

首先,人都是有自尊心的,直截了当地当众批评某个人,这决不是好办法,它或者会引起对方的强烈反驳,找到一些理由来为自己辩护;或者会以沉默相对抗,口服心不服,并从此积怨于心。这样,批评的目的自然没有达到。

而采用幽默式的批评却保持了对方的脸面,不会使对方产生对抗情绪;另外,由于采取的是影射而不是直说的方式,让被批评者有一个思考回旋的余地,就更能深刻地领会批评者的良苦用心。

一位年轻画家就近找到一处住房,在搬家之前,他对好友说:

“我想把房间的墙壁很好地粉刷一下,然后在墙上画一些画。”

“你最好是先在墙壁上画画,然后再粉刷墙壁。”深知这位年轻画家水平的好友劝他说。

这位好友含蓄地表达了自己的意见,年轻的画家自然会体会、深思,该如何把自己的画画好。

其次,幽默能把原来两种互不相关的事物巧妙地、出人意料地联在一起,使人们产生惊奇、产生笑,人们在联想中会意说话人的真正目的,从而愉悦地接受说话人的意见。

总而言之,幽默的力量不能使你在顷刻之间变为百万富翁,不能使异性对你一见钟情,不能使你由矮升高,也不能使你从胖变瘦,但它的确是有力量的。它的力量在于:使人们热爱人民和生活,对挫折毫不介意,对未来充满信心;鼓励人们去掉自卑,增加自信,努力使自己的事业成功。

幽默，最好的“减压阀”

——幽默思维法

幽默是一种优美的健康的品质。

现代社会环境瞬间变化，速度效率急剧加快，因而现代人时常感受到一种莫名的心理压力和焦虑，而幽默，是最好的“减压阀”。它不仅能使你的心情变得轻松愉快，谈笑风生，笑口常开，而且有助于你交际中左右逢源，事业成功。不少有眼光、有见识的公司经理、董事长，都喜欢选用那些能自我解嘲、改善环境创造欢乐气氛的人。因为这些人容易取得人们的信任，人们也就乐于接受其看法和推销的产品。

幽默家的思维方法同平常人是有些不同的，请先看一个例子：

法国大文学家巴尔扎克一生中曾经贫困潦倒，有时竟至于身无分文。一天，巴尔扎克写作到深夜，饿着肚子上了床，辗转反侧，难以熟睡。这时，恰有一个小偷窸窸窣窣翻东西的声音吵醒了巴尔扎克。巴尔扎克对小偷幽默地说：“请你别再翻了。我白天都翻不到钱，你夜里难道能翻到钱？”小偷听后，知趣地走了。

巴尔扎克的这则趣闻妙就妙在：他用常人不可能有的表达

方式,既赶走了小偷,又巧妙地说出了自己的窘境。这里足见他的思维方法不同于寻常人。

一件很平常的或令人懊恼的事到了幽默家的眼中,就显出滑稽可笑的成分。而没有幽默感的人,即使很好笑的事经他嘴里讲出来也会味同嚼蜡。幽默家与常人究竟有何不同呢？我们不妨把幽默家的脑袋作一次解剖,就可以发现不同在于:幽默家有他的"幽默思维法",而常人很少或几乎没有。那么究竟什么是"幽默思维法"呢？只要我们观察、分析一下几位幽默家的杰作,就可解什么是"幽默思维法"了。

第一,淡然处世。

卡尔文·柯立芝是美国第三十任总统,不大爱讲话。在他担任总统期间,时常要参加一些社会活动。但无论到哪儿,他常常守口如瓶,弄得主人们束手无策。

一次,一位社交界的知名女士同这位总统挨肩而坐,她滔滔不绝地高谈阔论,但库立奇依然一言不发。后来,这位女士终于忍不住了,她说:"总统先生,您太沉默寡言了。今天,我一定得设法让您多说几句话,起码得超过两个字。"

库立奇幽默地咕哝道:"徒劳。"他的话最终没有超出两个字。

可想而知,无论哪位大人物在这样的场合都会口若悬河、滔滔不绝的,这位总统倒挺逗人的,面对这位女士的挑战,还是仅仅说了"徒劳"两个字。可以想象,这位总统是个很随和的、淡然处世的人。他的幽默感也正在于此。如果是另外一个人身临其境,定会强烈地予以反击,然后自鸣得意,这样反而令人感到缺乏幽默感了。

英国著名天文学家詹姆斯·布拉法莱被任命为格林威治天文台台长时，英国女王看他的薪水低，要给他增加薪水，他恳求说："如果这个职位一旦可以带来大量收入，那么以后到这个职位来的将不是天文学家了。"

这句不乏幽默、语重心长的话语，是这位科学家数十年饱经沧桑的阅历的总结。他目睹了人间无数的兴衰荣辱，研究了金钱对人们的腐蚀，才得到了这个有趣的、富有哲理的结论。

意大利著名作曲家罗西尼听人说他的一批有钱爱慕者准备在法国为他建一座雕像，感动之余，他问道："他们准备花多少钱？"

"听说是一千万法郎吧。"

"一千万法郎！"罗西尼大为吃惊。"如果他们肯给我五百法郎，我愿意亲自站在雕像的底座上！"

从上述两个例子来看，詹姆斯·布拉法莱的幽默，似乎对英国格林威治天文台台长的职位很看重，而罗西尼的幽默又貌似看重五百法郎，实际上表达了天文学家对职位和作曲家对雕像的"淡漠态度"。布拉法莱正是对金钱的轻视，才会有这等幽默；同样，如果罗西尼没有这样的谦恭，而是对用一千万法郎建雕像欣喜若狂，也决不会有如此这般的幽默。

第二，否认现实。

幽默家同常人是有所不同的，他们大多有一种超脱现实的情趣，往往有一种怪想法，就是不承认现实的合理性。如果对每件事都视为当然，承认其合理性，便不可能产生幽默。

据说马克·吐温和他的孪生兄弟长得一模一样，连他们的母亲也分辨不出来。一天，在他们洗澡时，其中一个不小心跌入浴缸淹死了,没有人能知道淹死的究竟是双胞胎中的哪一个。

“最叫人伤心的就在这里,每个人都以为我是那活下来的人,其实不是。活下来的是我弟弟,那个淹死的人是我。”马克·吐温说。

乍看起来,这位世界级幽默大师似乎有点荒唐,在故弄玄虚。其实不然,这里用的可是“地道”的“幽默思维法”。这位活生生的大作家,竟如此正儿八经地否认自己的存在,这种超脱的情趣,强烈的相互矛盾,自然而然使人们感到十分滑稽可笑。

马克·吐温这位幽默的大文豪,类似“否认现实”的例子是很多的,这里再举一例。

有一年的“愚人节”,马克·吐温受到了别人的愚弄,纽约的一家报纸报道了他“逝世”的消息。

消息迅速传开,前来悼念的亲朋盈门。这时,有人为他打抱不平,纷纷谴责那家报纸。没有料到马克·吐温却风趣地说:“报纸报道我死,这是千真万确的,只不过把日期提前了一些。”

在日常生活中,也不乏否认现实的例子:某男教师常用体罚的办法来对付那些不遵守纪律的学生,凡看到学生有违纪行为,他就用手揪学生的耳朵。

有一天,一位姓陈的学生在作业本上将自己的姓错写成了“东”。

“你的陈怎么没有耳朵?”男教师责问。

“被你拉掉了!”学生回答说。

马克·吐温说“报纸报道我死了,是千真万确的”和学生说“耳朵被你拉掉了”,都是“否认现实”的,而且是幽默中的“否认现实”。

第三,保持童心。

许多大幽默家干出一些怪诞滑稽之事,正是幽默思维压倒常规思维的结果。假如成人像小孩子那样进行思维的话,就会产生强烈的幽默效果,让人忍俊不禁。

马克·吐温心不在焉的毛病是很闻名的。

一天,马克·吐温外出乘车,当列车员检查车票时,马克·吐温翻遍了每个衣袋,都没有找到。这个列车员认识他,安慰马克·吐温说:

“没有什么大关系,如果实在找不到,也不碍事。”

“咳! 怎么不碍事,我必须找到这张该死的车票,不然,我咋知道到哪儿去呢?”

马克·吐温的最后一句话,可真是标准的孩子话,实际上是马克·吐温先生的幽默,这种幽默富有孩子般快乐的情调。

再举一例:

比尔是一家大公司的职员,他经常在办公时间出去理发,尽管他也知道这样做是违反公司规定的。

一天,当比尔又在理发时,公司的经理正巧也来理发,比尔无法躲开了。

经理说:“你好,比尔,我看见你在办公时间理发。”

比尔镇静地回答:“是的,先生。你看,我的头发都是在工作时间长出来的。”

“不是全部吧,其中一部分是下班时间内长的。”

比尔很有礼貌的回答:“是的,先生,你说得对极了。所以我只剃去一部分而不全部剃掉。”

比尔说只剃去一部分而不全部剃掉,也是稚气的孩子话,是很幽默的,可见不论是大名鼎鼎的马克·吐温先生或者是这位名不见经传的比尔先生,他们都保持着童心。

第四,近远联想。

幽默家在进行幽默思维时,把两件表面似乎毫无联系的事物牵扯在一起,从不协调中产生新的协调,从而产生幽默,我们不妨把它叫做“近远联想”。可以说,近远联想是幽默思维的基本要素,也是创造性思维的重要因素。

俄罗斯有一位著名的丑角演员杜罗夫,在一次演出的幕间休息的时候,一个很傲慢的观众走到他的身边,讥讽地问道:“丑角先生,观众对你非常欢迎吧?”

“还好。”

“要想在马戏班中受到欢迎,丑角是不是就必须具有一张愚蠢而又丑怪的脸蛋呢?”

“确实如此。”杜罗夫回答说,“如果我能生一张像先生您那样的脸蛋的话,我准能拿到双薪”。

这位傲慢观众的脸蛋,同杜罗夫能否拿双薪,本无丝毫内在的联系,在这里杜罗夫却巧妙地把它们牵扯在一起,从而产生了幽默,对这位傲慢的观众进行了讽刺。

著名的法国钢琴家乌尔蒙年轻时,有一天弹奏拉威尔的名曲《悼念公主的孔雀舞曲》,节奏太慢,正在听他弹奏的拉威尔忍不住对他说:“孩子,你要注意,死的是公主,而不是孔雀。”

这里也采用“近远联想”的方法,将公主与孔雀这两种原来互不相关的事物,出人意料地联系起来,使人们产生惊奇,在笑声中意会到拉威尔话语的真正含义。

拉威尔对乌尔蒙的演奏“节奏太慢”并不是采取直接批评

的方式，而是采用巧妙的暗示：“死的是公主，而不是孔雀。”这样，使演奏者首先得回味一下，拉威尔的话到底是什么意思？弄清楚了，便会意识到自己处理作品中的失误。应该加快速度，快到什么程度呢？拉威尔的话给了提示：是孔雀舞曲。演奏者的脑海中定会浮现出美丽的孔雀翩翩起舞的英姿。拉威尔的旁敲侧击，使乌尔蒙明白了自己的毛病所在。对于政治家、社会活动家来说，“近远联想”可使他们高瞻，也可提高他们的识别能力，因此，是他们的良师益友。

请看一则对话：

甲：你说足球和水球，哪个球门难守？

乙：我说什么门也没有后门难守。

简略的两句对话，巧妙地把“守球门”同“走后门”联在一起，抨击了社会上走后门的歪风邪气，也提醒掌握一定权力的人们要守好“后门”关。

盐业公司的人事科长，对刚刚分配来的大学生小王说：“经领导研究，决定把你分配到海口盐场去，像你这样的大学生，在我们这里真是难得人才啊。”

小王一听到盐场，便急忙解释说：“不，科长，盐场跟我不对口……”

没等小王把话说完，科长已经火了：“什么？不对口？11亿人口吃盐都对口，就你不对口？”

小王又急忙解释说：“科长，我是说，我学的是硅酸盐专业。”

科长一听，笑了，拍着小王的肩膀说：“好嘛，有盐就行，明天去报到吧！”

硅酸盐同食盐根本不同，这位科长大人是位科盲，硬把两者凑在一起，无意之中也产生了“近远联想”，十分滑稽可笑。他的瞎指挥，使人才浪费，国家受损。

要想学习“近远联想”的技巧，你只要在脑子里排除一般的常规联想和专业性联想，那么剩下的联想大都可称之为“近远联想”。你也不妨试一试。

最后，我给“幽默思维”来一个简单的归纳：幽默家总是在协调的事物中找出不协调的因素来，敏锐地观察变幻着的平常事物中的怪诞组合，并用十分自然的口吻说出来，逐渐形成一种习惯，这就是幽默思维。

海明威写作秘诀

——幽默谐趣法之一

幽默是具有智慧、教育和道德上优越感的表现。

有位记者向诺贝尔文学奖金获得者海明威求教：“你作品中的语言如此简洁，请问有何秘诀？”

海明威听后，不动声色地回答道：“有时我饿着写，肚子饿得咕咕直叫；有时我站着写，而且只用一只脚着地；有时我在寒冬故意只穿一件单衣，我边写边冻得瑟瑟发抖，这些非常不愉快的感觉使我不得不尽量少写些多余的话！”

这是美国人的幽默。海明威的这一席幽默谐趣的话，不仅阐述了写作的诀窍，而且使人们终生难忘。

有人说过，从某种意义上可以说，高明的说话方法是幽默谐趣的说话方法。

幽默谐趣法，就是情趣与哲理有机统一的，意在言外的语言表达方法。它以巧妙地运用滑稽、诙谐、逗笑的语言形式，去反映对象，表达严肃的思想内涵。在交谈中恰当地运用幽默语言，能使人在笑声中，在轻松、优美的感受中，领略所表达严肃内容的底蕴。

如何说话，才能产生幽默谐趣的效果？在言谈中常常采取多种巧用修辞和逻辑的方法，借以产生奇妙的力量。

第一，妙用对比。

妙用对比法，就是在说话中，有意把不相关的两个事物或概念拉到一起进行比较，从而产生令人捧腹的效果。

在一家帽店里，一位女营业员滔滔不绝地对一位顾客说："这是一顶很吸引人的帽子，真的，你戴上它会年轻十岁呢！"

"那我可不买了，"这位顾客说，"如果我摘了这顶帽子又要老十岁了"。

"戴上帽子会年轻十岁"同"我摘了这顶帽"是两件不相关的事，这里凑在一起，对比产生了幽默。

还有一则"爸爸做和尚"的幽默：

老师：玲玲，你爸爸在哪里工作？

学生：寺院里，老师。

老师：是和尚？

学生：对！我经常听爸爸说"我是做一天和尚撞一天钟"。

"和尚"和说"我是做一天和尚撞一天钟"，原是两回事，在这里,这位学生无意地把它们扯在一起了,产生了意想不到的幽默。

第二,一语双关。

一语双关法是在说话时利用语音和语义的条件,故意使某些词语在一定的环境中具有双重意义的方法。

先看一则“就当没听见”的幽默:

甲:我求你一件事,你能为我保密吧?

乙:当然可以。

甲:近来我手头有点紧,你能借我些钱吗?

乙:不必担心,我就当没听见。

如果不仔细听,好像乙满口答应了甲的请求。但仔细一想,却是恰恰相反,乙回绝了他。乙的回答是双关的,不仅在“保密”这一点上“就当没听见”,请甲放心;就是借钱的要求,也当没听见,请甲死心,达到了一箭双雕的效果,又激起浓郁的幽默感。

这里还有一则“卖报”的幽默:

一个男人在广场上大声叫卖报纸:“惊人的诈骗事件,受骗者已达八十二人!”

一个人赶忙奔过去买了份报纸。但是,他看来看去,怎么也找不到诈骗事件的内容。

这时,卖报的人又在大声地叫喊:“惊人的诈骗事件,受骗者已达八十三人!”

这里卖报人的叫卖,也是一语双关的。“惊人的诈骗事件,受骗者已达八十三人”,这句哗众取宠的话语,一方面是为了招徕顾客,另一方面也幽默地说出真正的受骗者正是这些顾客,显得十分风趣。

第三,巧用比喻。

巧用比喻法,简而言之就是我们平常所说的“打比方”的方法。

一次,有人问刘绍棠乡土文学为什么要以歌颂光明为主,刘绍棠说:“你往证件上贴的照片,决不会是生病时照的,而都是选精神面貌最好时照的。这其实也符合实际,因为,生病是暂时的,而健美是你的本质。同样如此,我们社会的光明是主流,是本质,文学作品应该公平地对待这一社会现实。”这一比喻巧用的幽默回答,既使大家明白了含义深刻的道理,令人口服心服;同时也使大家终身难忘。

还有一个题为“暗示”的幽默故事:

老头子的妻子去世多年了,如今儿女们都已长大成人了,他反而感到孤单,但又羞于向儿女们提这个问题,只好采取暗示的方法。

“晚上独自一个人睡真冷。”他说道。儿子立即为他买了只暖水袋。

“当我的背很痒时,没人帮我解痒。”他又抱怨道,女儿又为他买了把搔痒背耙。

不久后,老人得知自己的孙子要找对象,他叹道:“给他买一只暖水袋和一个搔痒背耙吧!”

其实,这里老人所说的暖水袋和搔痒背耙指的是对象,这一比喻既形象生动,又富于幽默感,给人留下难忘的印象。

第四,故用反语。

故用反语法,是使用和本意恰恰相反的话来表达本意的一种方法。正像我们平常所说的，表面是一层意思，骨子里又是另一层意思。

有一个“各有所获”的幽默：

两位歌唱家在闲扯。

一位说：“我初次登台就大获成功，听众献给我的鲜花，足够我夫人开个花店……”

另一位说：“那算什么？我第一次登台，就用我的歌声震慑了所有的听众，结果他们给了我一座房子！”

“哼，这是瞎说！”

“不是瞎说，他们掷上台的砖头，足够我盖一幢新房子。”

这里的“给了我一座房子”和“掷上台的砖头足够我盖一幢房子”，都有反语的意味，反话正说，实际上是观众惩罚了他。

英国著名的戏剧家莎士比亚的一段诅咒黄金的词，写得很妙：“黄金呀，闪烁的宝贵的黄金，有了你，黑的会变白，丑的会变美，错的会变对，老的会变幼，怯弱的会变勇敢！神呀，这是为什么？为什么他可以引走他身边的牧师和仆人，抽出莽汉头下的枕头？这黄金的奴隶，会弥缝宗教，打破宗教，会向奸徒祝福，把癞子变成雅士，使强盗受到册封，受人跪拜，受人颂扬，叫他和元老院议员同席，可以使哀哭绝望的寡妇再嫁，这个被诅咒的东西，这个人类共同的娼妇。”

莎士比亚以“赞美”的方式，揭露了金钱的丑恶，既幽默又生动。

第五，词语别解。

别解词语法，即为了某种需要，明知该这样解释，却偏偏那么理解。如此故意曲解词语的办法，同样能造成说话的幽默感。

鲁迅先生的侄子周晔在《我的伯父鲁迅先生》一文中，记载一则“碰壁”的幽默。

有一次在伯父家里，大伙儿围着一张桌子吃晚饭。我望望爸爸的鼻子，又望着伯父的鼻子，说：

“大爹，你和爸爸哪里都像，就是有这么一点不像。”

“哪一点不像呢？”伯父转过头来，微笑着问我。他嘴里嚼着，嘴唇上的胡子一动一动的。

“爸爸的鼻子又高又直，你的呢？又扁又平。”我望了他们半天才说。

“你不知道”，伯父摸着自己的鼻子，笑着说：“我小的时候，鼻子跟你爸爸的一样，也是又高又直的。”

“那怎么……”

“可是到了后来，碰了几次壁，把鼻子碰扁了。”

鲁迅在这里用“碰壁”是指他同旧社会反动势力作斗争，受到打击迫害而言的，字面上，鲁迅却把“碰壁”别解为真的碰了墙壁，并把它作为他鼻子之所以“又扁又平”的原因。鲁迅运用别解词语的办法，使说话充满了风趣。

有一则古代笑话，说的是一个贪官离任时，有位老百姓送给他一块德政匾，上面写着“五大天地”四个字。贪官沾沾自喜。有人问四个字何意，这位老百姓解释说：“官一到任时，金天银地；官在内署时，花天酒地；官坐堂断案时，错天黑地；百姓含冤时，凶天恨地；如今去任了，谢天谢地。”这里通过对“五大天地”含义的特殊解释，幽默辛辣地讽刺了离任的赃官，实在令人难忘。

第六，有意夸张。

有意夸张法是刻意对某件事物进行夸张,甚至违反一般规律,以取得幽默的效果。

相声《笑的研究》里有这样的一段:

甲:常言说,笑一笑,少一少。

乙:不,应该是:笑一笑,十年少。

甲:一笑就年轻十岁?

乙:啊!

甲:你这是定期的?我那是活期的。

乙:我们俩存款呢。

甲:你这理论不可靠!

乙:怎么?

甲:那谁还敢听相声?

乙:怎么不敢听啊?

甲:你今年多大岁数?

乙:四十。

甲:笑一回剩三十,笑两回剩二十,笑三回剩十岁,说什么也不敢再笑了。

乙:怎么?

甲:再一笑没啦!来的时候骑车子,走的时候抱走啦!剧场改托儿所啦!

"笑一笑,十年少。"这句话本身就是有意夸张的,那么笑四回就抱走了,当然是夸张违反规律了,因而格外幽默,引起哄堂大笑。在关键之外,对用语进行合理的夸张,这是夸大其词。如"牧马人"曲啸同志谈到他过去多次婚姻失败的原因,都是女方嫌他是右派,以后凡是在谈对象时,他总是先开门见山地对女方说："我可是右派啊！我为什么先说自己是右派呢？因为对方可能一听右派，就走了，那就算了。如果对方不害怕，那就可以研究研究。"这个"研究研究"就是一种夸大其词的说法，人们一般是在谈工作和重大问题时，才用"研究"一词，而找对象，还算不上是研究的对象，这里曲啸同志是在夸大意义上使用"研究"一词的。当时的政治气候中，谁也怕找一个右派的丈夫，因此曲啸同志的婚姻就成了一个极其复杂、有待"研究研究"的问题了。

第七，巧借谐音。

谈吐是用声音表达的，利用谐音，可以创造幽默的效果。

王实甫的《西厢记》中，有这样一段对话：

旦云：这般身子不快啊，你怎么不来看我？

红云：你想张？

旦云：张什么？

红云：我仗着姐姐哩。

红娘本想说："你想张生。"但在莺莺的严厉质问下，只好改口说："我仗着姐姐哩。"这里的红娘巧借谐音法，使自己免遭训斥。

清人郑板桥为官廉洁奉公，世人称赞。他在潍县做县令时，逮捕了一个绰号叫"地头蛇"的恶棍，恶棍的伯父和舅舅（与郑板桥是同科进士）带着酒菜连夜登门求情。酒席上，进士行酒令，并以桌子上一个刻有"清"字的骨牌，一字一板的吟道："有水念作清，无水还念青，去水添心便念精。"郑板桥更正道："年兄差矣，去水添心当讲情。"进士大喜，板桥猛然感到中了圈套，于是，紧接着大声说："酒若换心方讲情，此处自古当讲情，老郑身为七品令，不认酒情但认清。"那两人见状，只好告辞了。在这里，进士巧用谐音求情。郑板桥更妙，巧用谐音变化，表明了为官一身清、决不徇私情的态度，这一幽默的妙语被世人传为佳话。

第八，隐含判断。

隐含判断法是在说话中隐含另一种判断的方法，它有“含而不露，意在言外”的特点。

有一则“赏我一口棺材”的幽默：

故事发生在南宋建炎年间。

有一天，一个青年渔民从西湖中救起一个不慎落水的人，落水者愿出三百两银子，以谢青年渔民的救命之恩。

青年渔民说，急人之难是应该的，他拒绝收银子。

落水者便说：“往后有什么难处，就到临安城相府中找我秦桧好了。”

“啊呀，你就是秦大人！那么，银子我不要，请赏给我一口棺材吧。”青年渔民急忙说。

秦桧听了丈二和尚摸不着头脑。

青年渔民的话里隐含着“我救了秦桧你这个老贼，那么我也会被人打死”的判断，这是一种含蓄的幽默。

还有一则“打赌输了”。

小刘去看病，对医生说：“大夫先生，我的腿发炎了。”

医生：“给我看看。”

小刘撩起裤腿，露出一条又黑又脏的腿。

医生说：“我敢打赌说，你这条腿是全城最脏的。”

小刘自鸣得意地说：“大夫你输了，你看我另一条腿。”

“你看我另一条腿”这句话里，隐含有“这才是全城最脏的腿”的判断，意在言外。

第九，含蓄婉曲。

含蓄婉曲法是指对某些事，人们不愿意直接说明白，用一些相应的同义语句，婉转曲折地表达出来的方法。

在一次宴会上，有个纺织厂的老板娘正坐在英国大作家萧伯纳旁边。萧伯纳个子瘦小，老板娘肥胖出油。老板娘打量了一下萧伯纳，然后带着娇媚的笑容问大作家：“亲爱的萧伯纳，你知道防止肥胖有什么办法吗？”

萧伯纳仔细地看了看这位邻座的女客，然后摸了摸胡子，装出一副十分郑重的样子，说：“有一种办法，我是知道的，但是，我怎么想也无法把这个词释译给你听，因为‘干活’这个词，对于你来说，是外国字呀！”

萧伯纳的话非常含蓄幽默，他委婉曲折地表达了他的看法。

第十，利用矛盾。

利用矛盾法即抓住对方说话的自相矛盾，不能自圆其说的要害，揭出其好笑之处，达到幽默的效果的方法。

一天，俄国沙皇下令召见乌克兰诗人谢甫琴科。当召见的时候，文武百官都向沙皇深深鞠躬致敬，只有谢甫琴科昂着头，凛然而立，从头到脚打量着沙皇。沙皇大怒，问道：“你是什么人？”

“我是谢甫琴科。”

“你怎么胆敢不给我鞠躬？举国上下，谁见我不低头！”

谢甫琴科回答：“不是我要见你，是你要见我，如果我也像他们一样给你深深地弯腰行礼，那么请问，你怎么能看得清我呢？”

这段对话中，沙皇要见诗人，这里用的“召见”，可以理解为其中包含着要看见本人脸面的意思，而沙皇要诗人鞠躬，当然就看不到脸面了。谢甫琴科巧妙地利用沙皇的自相矛盾，从容应对，寓对沙皇的蔑视于幽默的话语之中。

第十一，偷换概念。

偷换概念法就是为了达到一定的目的，有意以一个概念偷换另一个概念，以构成幽默的方法。

先看一则“一步不走”的幽默：

父子俩去郊游，父亲对儿子说：“要小心啊，此处有种蛇叫‘五步蛇’，被它咬伤走五步就死。”

“没关系，万一被五步蛇咬了，我只走四步就不再走了。”

“好！聪明的孩子。不过你那样做太危险了，离死只差一步啊。”

“那怎么办呢？”

“一步也不要走才保险。”

这里所说的“咬伤走五步就死”，指的是咬伤很快就死，并不是说“一步也不走就保险了”，前面的概念被偷换了。

再看一例：

学生甲：“什么是抽象名词？”

学生乙：“我不知道。”

学生甲：“抽象名词指的是那种能想象而又不能摸到的东西，你明白了吗？”

学生乙：“明白了。”

学生甲：“你能举个例子吗？”

学生乙：“烧得又红又烫的火钳。”

这段对话中，学生甲对“抽象名词”的解释是“能想象而又不能摸到的东西”，而学生乙所举的例子“烧得又红又烫的火钳”，实际上是“能想象而不能摸的实际存在的东西”，这里是把“不能摸到的东西”偷换为“不能摸的实际存在的东西”，构成了幽默对话。

从上述可以看出，巧用修辞和逻辑方法，可使言谈幽默风趣，产生奇妙的效果。当然，采用修辞和逻辑的方法远非这 11 种，这里仅举些例子而已。

“色彩斑斓”的技巧

——幽默谐趣法之二

美是到处都有的。对于我们的眼睛，不是缺少美，而是缺少发现。

法国著名雕塑家罗丹对美的见解，同样可以用来认识幽默，因此我们可以这样说：“幽默是到处都有的，对于我们的眼睛和心灵，不是缺少幽默，而是缺少观察和发现。”

在各种艺术形式中，恐怕再没有比幽默更短小精悍的了。幽默的短小形式和它的艺术功能密不可分。作为幽默，它不同于一般记叙性的文字，它展示的往往是一种性格的类型，如愚昧、虚伪、贪婪等等。幽默对它经过集中强调，目的是使人们看清它的丑陋的面貌。因此，幽默就可以舍去了与主题无关的人物身份和历史背景的交待,情节也采用插曲式的事件,仅取足以表现其性格的主要部分。

在上篇中,我们介绍了一些巧用修辞和逻辑,使说话产生幽默谐趣效果的方法。然而,方法和技巧远远不止这些。幽默在谈吐中的表现手法多种多样,真可谓是“色彩斑斓”。

第一,巧借话题。

巧借话题法,就是巧妙地借助别人的某一话题,进行发挥,引出另一个听者未曾预料到的新的思路,以表达自己要说的话的方法。

有一则“价值几何”的幽默:

有一次,拜伦在泰晤士河岸散步,看到一个落水的富翁被一个穷人冒着生命危险救上岸。然而,这个穷人得到的酬谢,却只是一个小小的铜钱。

聚集在岸边围观的人们非常气愤,叫嚷着要把这个忘恩负义的家伙抛到河里去。这时,拜伦阻止他们说:“把他放下吧,他自己很清楚他的价值几何。”

在这里,拜伦借“富翁只给一个小小的铜钱,人们要把这忘恩负义的家伙抛到河里去”的话题,不无幽默地说出“他自己很清楚他的价值几何”,对身上发着铜臭的富翁进行了辛辣的讽刺。

借题发挥,要借得有理,构成顺水推舟之势,不能牵强附会。特别当一个人面临某个具体场合时,要善于敏感地、准确地抓住眼前的事物。如上例,拜伦就是巧妙地抓住了眼前发生的事物,这个题借得好,能发挥出更大的幽默效果。

第二,故卖关子。

故卖关子法是说话者先故意提出一个容易使人产生误解的结论，然后再作出一个出人意料的分析和解释。看一则“第二个福尔摩斯”的幽默：

《福尔摩斯探案》的作者柯南·道尔在罗马时，叫了一辆出租汽车去旅馆，途中和司机扯起闲话来，司机问：

“你是柯南·道尔先生吗？”

柯南·道尔先生奇怪极了，反问司机道：

“你怎么知道我的名字呢？”

“呵，简单得很，你是在加列—罗马车站上车的；你的穿着是英国式的；你的口袋里露出一本侦探小说来。”

“太了不起啦！”柯南·道尔叫起来，他很惊奇在意大利会碰到第二个福尔摩斯。他习惯地再问一句：“你还看到其他什么痕迹没有？”

“没有，没有别的，除了在你的皮箱上我还看到你的名字外。”

司机认出柯南·道尔先生，实际上最主要的原因，是在皮箱上看到他的名字，而他开始时并不言明，故意造成他是第二个福尔摩斯的误解，然后再作出出人意料的解释，以造成强烈的幽默感。

第三，童心稚语。

童心稚语法，即孩子们由于天真而产生的幽默，他们以坦城待人，毫不掩盖地道出真相，使人感到轻松愉快。有的成年人也保持童贞之心模仿孩子们那样进行幽默思维，同样会产生很强的幽默效果。

幽默“来不及”这样写道：

军军重重地跌了一跤,满身泥泞回到家里。

“你这个淘气鬼!”他母亲惊叫道,“你怎么搞的,穿着这么好的裤子摔跤了?”

“原谅我,妈妈。”军军哽咽道,“我跌跤的时候,来不及把裤子脱下来!”

这是小孩子气的稚语,幽默自然而然地流露出来,再看著名作家郁达夫保持童贞之心的幽默。

郁达夫有一次上饭馆吃饭,吃完饭付钱时,把鞋子一脱,从鞋底抽出一叠钱票来付账。店小二见了大为惊奇,郁达夫付之一笑:“这东西过去压迫我,我现在也要压迫它。”

这可真是个标准的孩子的举动,却是实在的名人的幽默,许多幽默家干出一些怪诞滑稽之事正是幽默思维过强压倒了常规思维的结果。

第四,寓庄于谐。

寓庄于谐法就是把十分庄重严肃的事情,采用开玩笑的话说出来,以产生幽默效果。

“汉武帝看寿”这则幽默是这样的:

汉武帝议论寿相说:“人是否长寿,只要看看鼻子和嘴之间的‘人中’的长短,‘人中’长一寸,寿比百岁。”

东方朔听了暗暗发笑,汉武帝见了,怒而要加之以罪。

东方朔说:“我不是笑陛下,是笑彭祖。相传彭祖活了八百岁,按‘人中’长一寸寿百排算,彭祖的‘人中’该有八寸长,他那张脸……不是令人望而生笑吗?”

汉武帝一想,禁不住也笑了。

东方朔的推算,使发怒的汉武帝由怒变笑,的确寓庄于谐。

"寓庄于谐"的例子处处可见,故不多举例子。

第五,混淆视听。

混淆视听法是先以渲染造成假象,而后揭出真相,顿时产生幽默的效果。

《三国演义》中"煮酒论英雄"这一回是写得很出色的,刘备就用了混淆视听法。

操以手指玄德,后自指,曰:"今日天下英雄,惟使君与操耳!"玄德闻言,吃了一惊,手中所持箸,不觉落于地下。时正值天雨将至,雷声大作。玄德乃从容俯首拾箸曰:"一震之威,乃至于此。"操笑曰:"丈夫亦畏雷乎?"玄德曰:"圣人迅雷风烈必变,安得不畏?"将闻言失箸缘故,轻轻掩饰过了。操遂不疑玄德。刘备在惊慌落箸之后,机敏地利用眼前出现的天气变化,混淆了视听,把谁是英雄的话题岔开,转移了曹操的注意力,使曹操轻视了他,才化险为夷。

第六,旁敲侧击。

旁敲侧击法是利用风趣的语言来回击或反驳一些错误的观点,是一种更加含蓄迂回的幽默技巧。请看两个例子:

"哪种笨蛋可以被认为是不可救药的?"有人问一位哲学家。

"在同一地方绊倒两次的人。"哲学家回答。

哲学家似乎答非所问,他没有具体回答不可救药的人生什么病,却指出在同一地方绊倒两次的人,提示这些人不会吸取教训,便无可救药。用这种旁敲侧击的方法,含义丰富得多。

1937 年的时候,维也纳的人们谈论的中心是战争的危险性。

地理教师断言说:"希特勒永远也不会进攻奥地利,否则就要打大仗了。请你们注意看这个地球仪:德国在这里,那么一点点大,而在他的周围,有英国、法国,还有俄国,都比德国大。美国就更不用讲了……”

历史教师摇着头说:“这个我也知道,可是老弟,希特勒也知道这点吗?”

历史教师这句话的言下之意,希特勒这个法西斯的头子是战争狂,他决不会量力而行。

旁敲侧击法要取得效果,在很大的程度上取决于听众的静心默想,反复品味。因为它的特点是谜底被深深地埋藏在谜面的下面。所以,听众在听完话之后,必须有个回味的时间,才能体会到谜面和谜底之间微妙的联系。因此,一个真正有幽默感的人,不但要自己善于说,而且还要善于领悟别人的幽默。

第七,善于取笑。

善于取笑法就是故意夸大自己或他人的缺点错误,而巧妙地在笑声中解除困境。

早年,南京有个“金记钟表店”,生意平平。那时候,顾客管这家店的双腿瘫痪的金姓修表师傅叫金瘸子,他很不高兴。此时有人对他说,人家称你金瘸子,并无恶意。姓金的生意人很多,而金瘸子却只有你一个,人家这样称你是以免认错你这个修表的店铺。金瘸子一听有理,干脆改名为“金瘸子钟表店”,重写了招牌,挂了出去。果然,这别具一格的招牌,招徕了众多顾客,加上他技术精湛,收费合理,修表生意如日中天,许多外地人也慕名而来。

人皆讳提生理缺陷,金瘸子却制成招牌挂了出去,确实有点儿谑语自嘲的幽默味道,而顾客并没有因为他自嘲为“瘸子”而退避三舍,反而慕名而来。由此看,取笑的方法运用有当,同样能取得较好的语言效果。

第八,假戏真作。

假戏真作法是把自己真实的感情隐藏起来,把假感情表达得很真切,从而产生幽默的方法。

诸葛亮出师的“一场假戏真作的戏”,是非常幽默生动的。

诸葛亮少年时和徐庶、庞统等同拜司马徽为师。三年师满,先生说:“从现在到午时三刻,谁能得到我的允许,走出水镜庄,谁就算满师了。”弟子们急得抓耳挠腮,有的呼叫:“庄外失火!”有的谎报:“家中来信,母病危,要速回。”庞统说:“如果让我站在庄外,我一定能想出办法。请先生允许我到庄外走走。”这些都没有得到先生的同意,午时三刻就要到了,诸葛亮一脸怒气摔摔打打,指着先生鼻子怒叫道:“你这先生太刁钻,出歪题害我们,我不当你的弟子了!还我三年学费!快还我三年学费!”一席话把先生气得浑身颤抖,喝道:“快把这小畜生赶走!”诸葛亮却拗着不走,徐庶、庞统发力才把他拉了出去。可一出庄,诸葛亮就大笑起来,捡起一根柴棒,跑回庄,跪在先生面前说:“方才为了考试,不得已冲撞恩师,弟子愿受罚!”说着送上柴棒。先生这才转怒为喜,拉起他说:“你可以出师了。”

为了完成考题,诸葛亮活灵活现地表演了对先生的愤恨情绪,激怒司马徽,将他逐出庄,这场假戏真作的戏真是绝妙!显示了诸葛亮超人的智慧。

第九,欲擒故纵。

欲擒故纵法,即先假定对方的观点是对的,然后合乎逻辑地推出荒唐可笑的结论,就是引伸归谬、设真推假。

据说明朝时,四川的杨升庵才学出众,中过状元,因嘲讽过皇帝,皇帝要把他充军到很远的地方。朝中那些奸臣更是趁机要公报私仇,向皇帝说:“充军海外,或是玉门关外。”杨状元想,充军还是离家乡近一些好,就对皇帝说:“皇上要把我充军,我也没啥说的,不过,我有一个要求。”

“哪样要求?”

“任去口外三千里,不去云南碧鸡关(今昆明市)。”

“为哪样?”

“皇上不知,碧鸡关呀,蚊子有四两,跳蚤有半斤!切莫把我充军到碧鸡关呀!”

“唔……”

皇帝不再说话,心想:“哼!你怕到碧鸡关?我偏要叫你去碧鸡关!”杨状元刚出皇宫,皇帝马上下令:“杨升庵即充军云南!”

杨状元采用“先纵”的方法,粉碎了奸臣的打算,达到了自己要去云南的目的。

这里介绍的9种构成幽默的方法,仅是最常见的几种,而在实际的工作和生活中,构成幽默的方法真是“色彩斑斓”、“千姿百态”。我们应该从群众语言中学习运用幽默的方法,增强语言的幽默感,以提高口才能力。

史蒂文森败而不馁的启示

——社交的幽默

当你运用幽默的力量时，你能使人萌生勇气，激发他克服困难。

如果一个人，能在任何时候都保持“幽默的作风与风格”，他就永远不会是一个失败者，始终是一个不知道何为“失败”的幽默的英雄。美国的史蒂文森，虽然两度竞选美国总统均败在艾森豪威尔的手下，但他从未放弃幽默，特别是在失意时还能恰到好处地“幽上一默”，他真不愧为“幽默英雄”。

当史蒂文森第一次荣获提名竞选美国总统时，他抑制住内心的激动心情，即刻打趣说：

“我想得意洋洋不会伤害任何人，也就是说，只要人不吸入这空气的话。”在他第一次败给艾森豪威尔的那天早晨，他仍以充满幽默力量的口吻，在门口欢迎记者进来并风趣地说：

“进来吧，来给烤面包验验尸。”

几年后的一天，史蒂文森应邀赴一次餐会作演讲。他因为在路途遇到阅兵的行列而耽误了时间，到达会场时已迟到。他当即表示歉意，解释说：

“军队英雄老是挡我的路。”

观众们都知道，他两次竞选的对手，都是二次大战中的著名的“军队英雄”。一听史蒂文森的解释，大家都会心地笑了。

史蒂文森的幽默感，给人们留下了不可磨灭的印象。在美国公众心目中，他并不是一个失败者。尽管他在美国政坛上没有成为不可一世的人物，但他是一个成功者。他面对失败和挫折，用幽默的方法排解了失败，抛开心灰意冷，举起幽默的火炬，重新点燃争取成功和胜利之火。

从史蒂文森的例子可以看出，在每个人攀登事业顶峰的途中，会遭遇到许多障碍，或者是心理上对新工作不适应。幽默的口才能帮助你在社交上如鱼得水，与人建立和谐的关系，赢得别人的信任和喜欢。

在社交场合运用幽默的力量得当，主动热情地与周围的人交往，它同良好的仪态举止一样，能够使你顺利、迅速地熟悉和了解他人。在任何场合，讲述一段小笑话，则不失为一种可行的方法。有人深有体会地说，客人能发出的最美妙的声音就是出自内心的笑声，这的确是经验之谈。

以下介绍一则故事，可能会使初识者加深对你的第一印象，觉得你有幽默的口才。

N君是服务于日本最大广播电台的首席播音员，这里的其他播音员也都是高手。

每年夏季，这家广播电台都有四五个新人员进台。许多新人员初来乍到，往往会感到非常紧张，然而，正是幽默使这些新的播音员很快地消除紧张的状态。

由于N君是该广播电台最有权威的播音员，所以新进人员莫不敬而远之。

一天,N 君对一位新同事说:

“喂! 相川,你过来一下。”

“是的。”

“你既然能被本电台录用,想必基本常识一定不错吧!”

“啊,是的,我想至少……不过……”

“好,你简单说出日本的三大牌坊。”

这时,相川显得非常紧张,心中七上八下的,咚咚直响。围在一旁的同事也睁大眼睛注视着他们,想知道问题的正确答案,也瞧着这场戏的发展。大家觉得 N 君的问题太阴阳怪气了,但相川却仍在绞尽脑汁。

经过一番思忖,相川终于鼓起勇气:

“安芸的宫岛牌坊。”

“还有呢?”

“伊势的大神宫牌坊。”

“还有呢?”

“嗯,还有……还有……”

“不知道吗?”

“喇,真不好意思,我一下子想不起来……”

相川提心吊胆,直冒冷汗,N 君突然笑道:

“告诉你吧! 我所谓的三大牌坊就是威士忌(两名词的日语发音相同)。”

顿时,屋内爆笑如雷。相川也不禁轻松地笑出声来。

“哈……竟然是威士忌,可真把我整惨了!”

经过这场玩笑,新来人员对 N 先生幽默的个性有所了解,并对他平易近人的态度留下了深刻的印象,他在同事中的威信更高了。

首席播音员N君后来把相川等几名刻苦认真的播音员都培养成为广播界屈指可数的人物,显示了N君领导人才的能力。

在公共场合,人与人之间相处、交往,由于主观、客观的,人为的、意外的等等方面的原因,有时难免会出现令人尴尬的局面。比如你稍不留心说错了一句话或办错了一件事,这时,你由此而显得局促、紧张、惶恐,那么肯定会有不少人要受到你的影响。如果你为自己作过多的辩解,那么就会减弱你在众人心目中的分量。此时应当切记的是用客观的态度对待自己的过失,不必掩饰,更用不着转移目标,只要静下心来说一个有关过失的小幽默,就很可能对你有用处。

一位女青年本想在自己的订婚宴会上给未婚夫和亲友留下一个好印象,但由于心情紧张,碰倒了灯架,灯架又碰倒了小桌,她也跌跌撞撞地摔倒在小桌旁,弄了个四脚朝天。出现这一场面也实在太意外了,如果这位女青年现出恼怒或者责怪的神色,必定会使喜事的气氛变为冷场。这时,却见这位女青年赶快爬起来大声说道:“你们看,我也会玩多米诺骨牌!”她不仅缓和了使人难堪的场面,而且给别人留下了一个好印象,显示出她具有幽默的口才和迷人的风度。她用笑自己的办法消除了自己和别人的紧张,表现出灵活机智、充满自信的性格。

由此看来,轻松地对待自己,要比小题大作强得多。

在社交场合有了过失,如果善于幽默的话,有趣地指责几句,或说一二句幽默得体的话语,过失引起的不悦就会很快地消失。

有这样一个发生在美国西雅图的故事。

一对华侨夫妇在那里开了家餐馆，为了招揽生意，每当客人离座时，餐馆总要奉送点心一盒，并在点心盒内附精致“口彩卡”一张，上印“吉祥如意”、“幸福快乐”等吉利话。一天，店堂来了一对新婚夫妇，原是老主顾。昨天他们满怀喜悦地光顾，回去后打开点心盒，意外地发现竟没有往常的“口彩卡”。这两位信奉上帝的基督教徒顿感太不吉利了，来“兴师问罪”。新郎追究原因，新娘则委屈得快要落泪了。身为招待的店老板的外甥女，自知出错，急得张口结舌，老板娘不断地赔礼道歉，但仍无济无事。此时，去美国探亲的老板娘的弟弟出来走上去，微笑地用不熟练的英语说：“No news is the best news（没有消息就是最好的消息）。”一句话使新娘破涕为笑，新郎也喜上眉梢。这句解脱困境的妙语，是利用了美国的一条谚语：“没有消息，就是最好的消息。”由此，把没有“口彩卡”而引起的不吉利，转移到“没有消息，就是最好的消息”的大吉大利上去了。这是个及时抓住机会，迅速作出反应，帮助别人巧解困境的故事。这个问题的圆满解决，是有一定的幽默成分的。可以想象，如果不能及时抓住时机，作出迅速反应，事情必然越闹越大。

在社交中的种种时刻，都需要你的幽默与机智。

在朋友家吃饭，人家是真心实意招待你的，尽管菜做得难以下咽，可还要说出好听的话，以免使朋友太尴尬，那么你就说：“这菜使我想起一道法国名菜‘什锦热情火锅’，他们把厨房里所有的东西全用上了。”

有时，我们也不可避免地会遇到不合理的要求，缺乏礼貌的行为，甚至是人身攻击，这也是对我们每个人的社交能力的考验，用幽默的力量来刺它一下，这也是很必要的。

据说我国北宋文学家、诗人苏东坡,有一次游莫干山累了,到庙里稍息。庙里主事老道见来了个衣着简朴的陌生人,就冷淡地说:“坐!”并对道童喊:“茶!”

坐定交谈,老道发现对方才华横溢,令人刮目相看,就请客人到厢房叙谈,并客气说:“请坐!”还叫道童:“敬茶!”

老道进而打听,知来者是赫赫有名的苏东坡,忙作揖打起,引苏东坡进客厅,连声说:“请上坐!”又令道童:“敬香茶!”

苏东坡临走,老道请他题对联。苏东坡毫不推辞,顷刻书就,对联是:“坐,请坐,请上坐;茶,敬茶,敬香茶。”

老道看后,羞愧满面。

大诗人苏东坡的即兴题联,真可谓是讽刺幽默诗,不仅对老道,而且对今人的待人处世也有启发作用。

歌德是德国伟大的诗人,德国古典文学家和民族文学家的主要代表,他在文学和社会科学、自然科学诸领域都有卓越的成就。歌德一生秉性豁达。

有一次,歌德在魏玛公园散步,赶巧在一条仅容一个人通过的小路上,他碰见了一位曾把他所有的作品都贬得一钱不值的批评家。两人面对面地看着,那位批评家傲慢地说:“对于一个傻子,我决不让路。”

“我却正好相反。”歌德微笑着站到了一边。

歌德的回答干脆有力,以牙还牙,回敬了那位批评家。从那简洁的回答里,透示出他的机智和幽默。

在人际交往中,当矛盾发生时,只有那些缺少幽默感的人,才会把事情弄得越来越僵。而幽默者能使交际变得更顺利、更自然,幽默的语言在某些情形下会产生一种神奇的效果。可以说，它是人与人交往中的润滑剂。一个幽默的人，往往在悲苦时会显得轻松，欢乐时会显得含蓄，危险时却显得镇静，讽刺时不失礼，孤独时不绝望。所以，在现代的青年人心目中，良好的性格特征有六个方面，其中“诙谐、幽默”的性格被列为第一，最受人们青睐。

幽默能够为人与人之间的沟通提供动力，成为润滑剂，但是连续不断的俏皮话、笑话、讽刺对沟通也不会有什么益处。假如有一个人同大伙在一起时，滔滔不绝地冒出俏皮话，那他周围的人肯定会觉得受不了，惟一的办法就是尽快躲开他。例如有两人正进行讨论，某甲就是一位令人讨厌的“幽默大师”。

乙：“我们只要定出郊游的地点就行，至于食品，你的夫人……”

甲：“你千万别提她了！我给她买了那么多厨房电器，可她又宣布节食了。不过多数人节食都是用错了工具，他们都用刀子和叉子。您要知道，摆在桌子上的东西不久就会变成在椅子上的……”

乙：“你……”

甲哈哈大笑，指着乙：“你看你都忘了喝饮料了，我见过一种新饮料，叫青蛙汽水，喝一口就会跳起来叫两声……”

乙：无话可说。

甲：“我告诉你，有个人喝醉酒掉到了沟里，他费了好大气力也出不来，就自言自语地说：‘要是一个星期之内我还出不去，我就把这堵墙推倒’。”

乙：“我们的问题是……”

甲：“有两种东西能解决全世界的一切问题，那就是宗教和酒。不过这两种东西很难分开,所以你还是喝酒吧!"

乙:"你只有一个缺点,就是让人受不了!"

幽默不可滥用,幽默如果超过了应有的限度,就会让人反感,效果适得其反。生活中确有一些像某甲这样滥用幽默的人,讲笑话最先发出笑声就是他自己,甚至在讲之前就已笑声连篇。俗话说:"未讲先笑,不如狗叫",正是对这种现象辛辣的讽刺。

幽默固然很重要,但毕竟不是生活的全部,也不是万能的。运用幽默只能是为了发展和谐的人际关系,为了自己或别人树立健康愉快的心理状态,为自己被别人了解和了解别人。有了这样的出发点,在人际交往的范围之内,幽默的力量才是大有可为的。我们就可以像史蒂文森那样,永远是一个幽默的英雄,而永远不会是一个失败者!

从爱迪生耳聋谈起

——工作的幽默

幽默者的心是热的。

美国著名的发明家爱迪生小时候当过小贩,曾在火车上卖糖果、点心和报纸。

有一次,火车上的管理员不耐烦地打了他一个耳光,就是这一罪过的耳光,造成了爱迪生后来的耳聋。但是,这位伟大的科学家常对自己的缺陷轻松视之,他以幽默的口气说:“耳聋使我杜绝外界无聊的谈话,使我能更专心地工作。”

爱迪生对自己的挫折一笑置之,他利用幽默帮助自己向成功迈进,坦诚地开自己的玩笑。因此,他有用不完的能力,他的助手们说:“爱迪生在研究上,不论遭到如何的失败,都不灰心,他的发明,正如吃饭一样,每日不可缺少,一直到临死时均在继续发明。”爱迪生在50年间,获得一千多种发明品的专利权,真不愧是最伟大的发明家。

可见,具有幽默感的人,能够以轻松的态度面对自己,他的生活将会是多彩多姿的。幽默能帮助你成功,尤其是你用积极的行动去达到更高的目的的时候。

幽默的力量在工作中能使你与同事、上下级建立和谐的关系,成为一个充满乐观精神、不怕艰难困苦的人;成为一个能关心和信任别人,又能被众多的人所信任和喜爱的人。

怎么才能发挥幽默的力量呢?或者说怎样才能取得沟通的成功,获得众人的信任呢?

首先,共享笑声带来的快乐。

在各种各样的工作中,无论是叱咤风云的大人物,还是事事都得听人指挥的公务员,互相之间即使观点不同,利益相异,兴趣各异,如能做到大家一道分享笑的快乐,共同的欢乐会使大家感到相互之间毕竟有着某些共同的东西,也使别人感觉到你和他们有一个共同的奋斗目标。

英国首相丘吉尔是个大幽默家,他能在任何时候,都给人带来笑的快乐。第二次世界大战期间,丘吉尔在白宫,为求得美国的军事援助,进行了不懈的努力。有一天,他在浴室里洗澡,不料罗斯福闯了进来，看见了堂堂大英帝国首相的窘相，这场面确实令人尴尬。然而，在这非常时刻，丘吉尔便发挥了他的幽默天才，双手一摊道："你看，大英帝国的首相对你可是毫无保留啊。"说罢，两人相视大笑起来，丘吉尔的笑，使两位大人物共同获得笑声，感觉到两人有一个共同的目标了。罗斯福终于同意对英国的援助。

金丽娜是某公司经理的秘书，上班时要不断地应付客户，在职员和经理之间传递消息，接电话，做记录，还要抽空打字，繁忙的工作迫使金丽娜拿起幽默的武器对付种种挑战。

一位颇为自负的客户打电话用不容置疑的口气说："我要和你们的经理说话。"金丽娜谨慎客气地问道："我能否告诉经理是谁来的电话?"那人迫不及待地喊道："快给我接你们的经理，我要立即同他说话!"金丽娜只得温和委婉地说："很抱歉，我看经理真不该花钱雇我来接电话，因为十次电话中有九次都是直接要他的。"那人听了之后笑了，只好把自己的姓名和电话号码告诉她。这一小小的难题没有难倒金丽娜，她使用幽默的力量让来电话的人和她一齐笑了起来。以幽默灵活的方式成功地处理了人际关系问题，不只是做了秘书的工作，实际上是完成了人事经理所应该做的事情。那位客户并没有因为急躁而受轻视，肯定会同金丽娜的经理保持良好的关系的。

其次，对成绩和荣誉淡然处之。

黄先生在一家大企业公司负责秘书科的工作，颇有成绩。前不久，他所在的公司与另一公司合并，而他却在人事变动的波浪中沉浮不定。新的同事对他了解不多，因此同事之间冷淡如水。直到有一天，黄先生运用了幽默的力量，才改变了人际关系。他说道:“他们不敢把我革职。”接着,他又解释说:“因为凡事我都远远落在人后。”听着,大家都开怀地笑了。就这样,黄先生对自己过去的成绩和荣誉淡然处之,仍取笑自己,使新同事和他一起笑,帮助他与同事们建立友善、合作的关系。

在一家人才介绍所,职员接待一位“工大”毕业的女青年,她曾在一家公司任秘书多年,职员问她:“你在做生意方面有何经验?”女青年即机智地反问:“您是指哪一方面的生意?我只有了解生意的内容之后,才能说出我在这方面有没有经验。”这样一句聪明的反问,使她获得了富有意义的工作,促进销售和服务的计划的编制。女青年的反问并不是一句令人发笑的话,但却实实在在地运用了幽默。她用曲折的方式承认自己不知道许多生意的窍门,把自己以往的成绩看得很轻,却对不了解的生意表现了极大的兴趣。能够看轻自己而看重工作的人,无疑是个可用之才;更为重要的是她的坦率态度帮助了她,使她表现出富有一定工作经验的自我形象,从而取得了理想的工作岗位。所以说,只要我们把幽默的力量汇集起来加以运用,就能够给我们的工作带来好处,不断取得新的成绩。

再次,勇于认错与承担责任。

为人要坦率、诚恳,让大家知道你也会做错事,做错事情是常见的,不要遮遮掩掩,而且不要文过饰非,要勇于承担责任。

年轻有为的美国福特汽车公司总裁亨利,通过一系列的变革和创新,使每月亏损900万美元的公司一举扭转了被动的局面。有人针对他在改革过程中也做过一些错事而问他:“如果让你从头做起又将如何?”亨利爽朗地答道:“我看不会有什么非同寻常的作为,人们都是在错误和失败中学到成功的,因此要我从头再来的话,我只能犯一些不同的错误。”

亨利幽默的语言,显示出他的坦率和诚恳,这也是他事业成功的重要原因之一。

要知道,在事业与工作上获得成功,往往会遇到许多障碍,必须付出代价。如果让你担任领导,与他人交往,处理众多的人事问题比发挥个人的才能困难得多,除了自己有献身精神外,你还得不断鼓舞众人的士气,帮助大家解决工作上的困难,取得大家的信任和拥护。否则的话,你就会一事无成。幽默的力量在此时是可以帮助你接受挑战,并且在实践中获得成功的。它能告诉你怎样轻松对待挫折和失败,怎样通过取笑自己来和众人沟通。它会帮助你重新点燃成功和胜利的勇气,不好高骛远,不心灰意冷,克服一切困难,挽回劣势。

著名的足球教练罗克尼,曾在一场比赛中运用幽默的力量,使他的诺特丹球队反败为胜。球赛进行到上半场结束时,他的球队落后威斯康辛队七分之多。他在休息室中一直保持缄默,直到要上场比赛时,他大喊道:

“好吧,小姐们,走吧!”

一句话逗笑了全体队员,也传达了严肃的信息。他以幽默的力量重振球员的士气,帮他们忘记艰难的处境。甚至他的幽默还帮助救员们克服这种困境。终于,诺特丹队赢了这场球。

再讲一家大公司一位女职员的故事。

她是公共关系协调人,她的工作很复杂,要负责处理公司与各方面的关系,改善公众对公司的印象。经理们都很佩服她的能力,短短的一年多的时间里,她任用、训练、培养了三位秘书,但这三位秘书竟没有一位能留住,都先后离职而去。她怀疑自己:“我这是怎么了,难道我连一个秘书都留不住吗?”一位同事帮她看清了自己,对她说:“三位秘书都是找到了从事公共关系方面的更好工作,你应该感到骄傲才对,是你帮助他们成功的。”

听了这番话,女职员恍然大悟,她幽默地说:“看来我应该去当老师。不过我教得太好了,下一次我可不把秘书教得这么好了。”她以取笑自己的方式树立了更为自信的自我形象。这个故事告诉我们,用幽默的力量帮助他人取得进展的同时,自己也前进了。

在企业同客户之间发生某种问题时,不能用尖刻的批评或者驳倒对方的办法,如果采用幽默的力量,往往能达到使双方满意的效果。例如:一家大企业的一个客户欠账越欠越多,偏偏这客户又是多年的老主顾,财务科长也觉得十分为难,只得由该厂的厂长出面解决。厂长在约请对方公司经理吃饭的时候说:“我厂很感谢贵公司同我们做生意,但你的账已延期将近一年了。是不是可以说,我们照顾你的时间总不能比你母亲照顾你的时间更长久一些吧。”这位厂长用半开玩笑,富有幽默趣味的语言,委婉地表达了他此时此刻焦急的心情,势必会引起对方的重视,很可能会做出积极的反应。

富于幽默的力量并且善于应用的人,往往在工作中也是极有创造性的人。有幽默感的人,能学会从各个不同的角度观察同一问题,而且有几套解决问题的办法。一个人有了幽默的力量,他的工作和生活将变得丰富多彩。前面提到的爱迪生,就是这样一位幽默家和大发明家,幽默的力量给予他战胜困难的活力和勇气,使他完成了大量伟大的创造发明。

用轻松的态度看待自己工作上的问题,这也是一个具有幽默感的人的特色。爱因斯坦用通俗、简明的语言对相对论作解释,是一个极好的例子。

有人请求爱因斯坦解释一下相对论,他回答道:“假如你和一位漂亮的姑娘在一起度过了一小时,感觉起来就像只过了一分钟;假如你夏天在火炉旁坐了一分钟,就感觉好像过了一小时,这就是相对论。”

虽然人们从这里还不能深刻了解爱因斯坦相对论的真正内容,但至少了解到爱因斯坦希望用最常见的群众语言来表达这一伟大的发现,这轻松的解释实际上帮助人们了解他的发明,这本身就是一种有创造性的沟通。

创新的精神加上幽默的力量,可以帮助我们更加灵活巧妙地处理工作中出现的种种难题,并使别人欣然地接受和支持我们的工作。

在某市一家大菜市场的豆制品柜台,有位中年女售货员,顾客们都喜欢向她买东西,尽管旁边的售货员都闲着没事干,可她的前面却排了长长的队伍,她创造了最高的营业额。在评先进的会议上,领导和同事们都问:“你的先进经验在哪里? 有什么窍门?”

“这很简单!”她回答道,“人家总是在秤盘上先装一斤多的豆制品,然后过秤时拿下多余的几块;而我总是先少装一点,过秤时再一点点加到称够为止。”这位售货员抓住顾客的心理,用幽默的方式表示出与众不同的工作方法,是有创新精神的。

在工作中,除用幽默关心和鼓励他人之外,理解和接受他人的幽默对我们大有好处。为表示我们的理解,我们要同他人一起笑。他人给予我们的幽默,最重要的是帮助我们解除工作中的紧张状态,帮助解决生活中的难题。

当我们向别人开玩笑,同别人一同笑的时候,幽默就在互相之间得到交流。只要我们稍稍留意,就会发现我们的工作中存在着许多不易为人知觉的幽默故事。在工作中,有时我们需要坚持自己的观点,过分的忍耐对工作并没有好处,所以除知道息事宁人之外,在某种情况下适当地抱怨几句,对解决问题更有利,特别是你心中憋着一大堆话时,当然不要忘记采用幽默的方式。

职工、师生抱怨食堂伙食差,并有人骂了食堂负责人,可这位负责人风趣地说:“耶稣用五个饼和两条鱼就能让众人吃饱,真不可思议,可我们这时每天已有 30 种菜,5000 斤米饭,1500 个包子,现在不知到哪里去了。”

病人对医生说:“我知道你是个出色的大夫,即使没有什么毛病的,你也有办法告诉他有什么毛病。”医生不无幽默地回答:“我是个专科医生,专门训练人在我的诊室中生病。”

公共汽车上,一位女乘客不停地打扰司机,告诉她自己要在哪里下车,司机总是点头不语,耐心接受。女乘客最后叫了起来:“那我怎么才能知道到了我下车的地方?”司机耐人寻味地回答:“你只要看见我笑起来,就下车。”

著名导演希区柯克在执导一部影片时,有位女明星老是向他提出摄影角度问题,她左一次右一次地告诉希区柯克,一定要从她最好的一侧来拍摄。“很抱歉,我做不到!”希区柯克回答,

“我们拍不到你最好的一侧，因为你把它放在椅子上了。”他的话，引得在场的人都笑弯了腰。

上级与下级之间的幽默交流应当有利于工作的进展，否则就是无聊的玩笑了。明智的人是会注意将幽默引向促进工作的轨道的。工作中的例子层出不穷。

“我们的销售数量在图表中上升到前所未有的高度，不过这图是倒过来看的。”销售科长说。

“秘书这个人过于固执。因为我说过每个字只能有一种写法。”秘书科长感叹道。

发挥幽默的力量去鼓励别人，帮助他们取得更大的成就，你可以把重大的责任托付于人，减轻你的负担，以便你更主动、更自由地发挥你的创新精神，在事业上有所建树。

幽默，是点燃勇气的火炬。如果能像爱迪生那样幽默地对待工作和工作中的挫折，幽默的力量就能给你的未来带来光明，因为周围的同事和朋友都乐于和你交往，乐于帮助你的事业，那么就可以相信，你的未来是大有希望的。

谐而不谑谈笑风生

——生活的幽默

夫辞者乃所以尊君、安国、全性者也。故辞不可不修,而说不可不善。

古往今来,在神圣的讲坛上,留下了无数能言巧辩的佳话!

在莫斯科的一次演讲会上,诗人马雅可夫斯基的舌战便是一例。这次会上,他受到了庸夫俗子的严峻挑战。

“您的诗太骇人听闻了!这些诗是短命的,明天就会完蛋,您本人也会被忘却。您,不会成为不朽的人……”有人责难说。

“请您过一千年再来,到那时我们再谈吧!”他巧妙地挡了回去。

“您说,有时应当把那些沾满‘灰尘’的传统和习惯从自己身上洗掉,那么您既然需要洗脸,这就是说,您也是肮脏的了……”

“那么您不洗脸,就自以为是干净的吗?”

“您的诗怎么也赶不上普希金啊!”

“我热爱普希金,也许我比您更爱他。我是想在普希金的影响下创出一条崭新的诗路,您明白吗?焕然一新的,而不是承袭、重复别人的东西。诗行是新形式的,词汇也要从根本上翻新,诗歌提高到现代水平。这就是我为之终生奋斗的目标!”

……

马雅可夫斯基的这场对白,演讲和答问先声夺人,振聋发聩,凝结着他的睿智、聪慧和幽默,使听众挤得水泄不通的大厅里爆发出阵阵雷鸣般的掌声。他的回答充满锐气,句句有分量,使敌手胆颤心寒,望之披靡。

如今,我们生活在信息交流极为发达的时代,几乎每个人都有登台讲话的机会。在座谈会上,在宴会上,在学校,在公共集会或是其他社交场合,都有请你发言或讲几句话的可能。也许你会想,我是个不适合演说的人,但是,你应当看到,可能会有更多的演讲机会在等待着你呢!

随着你在事业和工作上不断取得成功,摆脱别人邀请你演讲,也就越来越困难。当然,在演讲中使用幽默的力量,初次登台可能会有些紧张,这就大可不必。只要我们有个良好的开头和结尾,抓住听众的注意力,面对挑战,沉着应战,并且使首尾相连,一气贯通,就能有良好的效果。当然,说说容易做做难,讲话和演说之中蕴含着许多规律,前人有过不少经验之谈,我相信这些对大家也是适用的,值得我们好好学习和借鉴。

第一,熟悉、了解听众。

讲话和演讲,只有根据不同的对象,选择不同的内容与方法,“因材施讲”,才能取得良好的效果。

在演讲之前,应想方设法同听众接触并且进行广泛交流。有时简短的几句话就能使你把握他们的兴趣和关心的要点。你应当事先收集几个有趣的即兴笑话和故事,使你的演讲更为活泼生动和引人入胜。

毛泽东同志的演说,具有强烈的吸引力和感染力,究其原因，其中很重要的一条，就是他能熟悉和了解听众，根据对象的不同，采取不同的语言和内容。如1945年8月13日，毛泽东同志在延安干部会议上做题为《抗日战争胜利后的时局和我们的方针》的讲演，由于当时的干部大多为工农出身，文化水平普遍不很高，毛泽东同志就采用了大众化的语言，幽默风趣，谈笑风生，告诫人们要警惕国民党反动派窃取抗战胜利果实，挑动内战的阴谋，他说："比如一棵桃树，树上结了桃子，这桃子就是胜利的果实。桃子该由谁摘？这要问桃子是谁栽的，谁挑水浇的。蒋介石蹲在山上一担水也不挑，现在他却把手伸得老长老长地要摘桃子。他说，此桃子的所有权属于我蒋介石，我是地主，你们是农奴，我不准你们摘。我们在报上驳了他。我们说，你没有挑过水，所以没有摘桃子的权力。我们解放区的人民天天浇水，最有权力摘的应该是我们。"

这些形象诙谐、饶有风趣的语言，是特别能打动工农干部群众的心弦的。

美国宾夕法尼亚州的演说家乔治·贝列，有一套独特的方法与听众打成一片。有一天他被邀请为保险公司的经理们演讲。他了解到，经理们在头一天晚上举行舞会到凌晨才回到饭店，但没有水洗浴，又没有饮料。当第二天早上七点开始演讲时，那些经理们烦躁不安，目无表情。乔治·贝列由于准确地把握了当时的实际情况，说了句简单的幽默话："我还是第一次见保险公司在晚上举行那么热闹的联欢，可我发现这狂欢竟然不能使经理们快活起来。"这简单的话语，很快消除大家闷闷不乐的情绪，脸上出现了微笑，形成了热烈场面。

乔治·贝列的另一方法，是力争在演讲之前同每位客人简单交谈几句。当讲演开始时,他便一一叫出他们每个人的名字。这就能有效地同他们沟通,为演讲的顺利进行奠定了良好的基础。

第二,吃好“开口奶”。

如果有人请你演讲,演讲前的介绍是少不了的,就像小孩吃“开口奶”。最好你自己写个不乏幽默的介绍词,或者请他人事先写好,在演讲前交给主持人,以避免你被无限地“拔高”,或被贬低,特别是你如果被介绍成“杰出的……”,“伟大的……”,“举世闻名的……”,很可能会引起听众的反感,也是你自己不希望的,这不仅对演讲毫无帮助,而且很可能会使你失去部分听众。又比如主持人介绍你的家世,曾祖父是清朝的哪位将军,祖父是位留美学者,其实这与你都无多大的关系。有人在自己的介绍词中写道:“女士们,先生们,我的家世使我自己感到十分荣幸,我是一对已婚夫妇的后代。”这人在自我介绍中丝毫没有提高自己的成分,而且不失幽默,令人捧腹。

故作谦虚地介绍或由主持人介绍,往往也会获得听众的好感,不过,切莫讲些入俗套的话。如:“我有幸向大家作报告,在座的都是我的老师,今天我是来向大家学习的,请各位多提宝贵的意见,帮助我提高”等等。这些不必要的过分谦虚,也只会导致听众的逆反心理。

美国的幽默大师马克·吐温为欢迎英国作家与牧师查理士·金斯利先生所作的演讲《介绍查理士·金斯利》,总共仅六百多字,竟引起七次掌声和笑声,不愧为是介绍词的杰作:

各位先生、女士:

我现在向你们介绍今天晚上的演讲人查理士·金斯利先生。我还要就便提一下,当我写那本《老实人出国旅游记》(鼓掌）时，我想，这本书一定会使我们立即同教会牧师的关系密切起来。但是我可以向你们保证，从那一天到现在这可是我第一次有幸受命给一位牧师作介绍人（笑声），并向听众作一个不偏不倚的介绍（笑声）。现在终于得到机会，我被指定来介绍一位美国不需要介绍的牧师（鼓掌）。虽然委员会没有要求我作他的保人，我却自告奋勇来做了（笑声），因为我想那是一件很高雅的事，惟其因为没有必要，所以就更高雅了。但是最用不着我做的事却要算向你们赞美查理士·金斯利牧师了，因为你们都读过他的书，比我更了解他的高才盛德，所以我现在要省下这些话。只是简单地说，我们热烈欢迎他来到我们的国家……

巧妙地介绍，就如同吃好“开口奶”，是十分重要的。另外，介绍自己，离不开介绍自己的名字，如果你有一个逗人的或者颇为古怪的名字，不妨作为幽默素材利用一下，以求引起逗笑。如某教师姓陈名九，他在某大学向学生作课外的讲座时，自我介绍说：“我是在地窖里藏了四十多年的陈年老酒。”这一介绍十分成功，引得学生哈哈大笑。

第三，演讲中的幽默。

每次演讲，听众大多似乎不是来听演讲，而是来凑热闹的。如果是对熟悉的听众演讲，自我介绍中的幽默就大可不必了。这时，演讲的开头便显得特别重要，如果一开头就能抓住听众的注意力，正题也就能很顺利地进行下去了。

台下观众吵吵嚷嚷，你用手拍桌子，用嘴对着麦克风使劲地喊“喂喂”，这虽然也能引起听众的注意，但这实在不是高明之举，更不用说对听众进行斥责了。你可大声点让听众静下来，然后讲英国首相丘吉尔的一则幽默，丘吉尔曾这样说：“只有两件事比餐后的演讲更困难:一件是去爬一堵倒向你这一边的墙,另一件是去吻一个倒向另一边的女孩。”在观众的笑声中,你应不失时机地迅速地转入正题。

对于演讲开头出现的种种情况,例如前面的演讲者已把你要讲的内容基本上都讲到,而且演讲已大大超过了规定的时间,如何是好呢?

曾任哥伦比亚大学校长的艾森豪威尔就曾遇上这样的情况,他投听众所好,放弃计划立即收场。他站起来对听众说:“每篇演讲不论什么形式,都会有标点符号。今天,我就是句号。”说着,观众没想到他竟坐了下来。过了片刻,会场响起了震耳欲聋的掌声,艾森豪威尔也感到特别满足,认为这是他最著名的演讲中的一次。

当然,毋容置疑,讲演最重要的还是正题,否则,即使开场白再好,也只是竹篮打水一场空。

演讲中要掌握好节奏,巧妙地加入自己的主要观点,并恰如其分地插入笑话。幽默的话语,使听众刚刚感到有点困扰厌烦时,立即又重新兴奋起来。与此同时,讲演者要能捕捉时机,借以渲染气氛,乘兴发挥,引向纵深。

1935 年,高尔基参加苏联作协理事会第二次全体会议时,代表们要求他讲话,当他上台时,与会者长时间鼓掌。高尔基灵机一动借题发挥说:“如果把花在鼓掌上面的全部时间计算起来,时间就浪费得太多了。”一下子使全场活跃起来,气氛就变得十分融洽。高尔基真是高明的演说家,他乘机发挥,阐述论题,而且很快将演讲引向内容的深处。

演讲中也难免会遇上“窘境”,如自己讲的笑话听众毫无反应，甚至自己说漏了嘴。这时，出色的演说家都能巧妙地掩饰，使一般听众感觉不到有破绽。在一般的情况下，演讲中不会有人跳出来搞鬼唱反调，但在特殊情况下是可能的，你就要争取主动权。

1860 年 6 月，在牛津大学讲坛上，自称为达尔文的“斗犬”的赫胥黎，为捍卫进化论学说，同大主教威尔伯福斯进行了针锋相对的舌战。

威尔伯福斯气势汹汹地首先发难：“究竟是通过你祖父，还是通过你的祖母，你才从猿猴变来的呢？”

面对挑衅式的问话，赫胥黎从容镇定地反击：“人类没有理由因为他的祖先是猴子而感到羞耻，与真理背道而驰才是真正的羞耻。只有那些游手好闲，不学无术而又一心要靠祖先牌子的人，才以祖先野蛮而感到羞耻……”

这就是真理对邪恶的大论战，著名的牛津大辩论。雄辩的哲理，锐利的言辞，幽默的讽刺，征服了座无虚席的演讲大厅。当时，大主教瞪着大眼，无言以对了。准备投掷赫胥黎的教徒们丢下了石头，成为支持论点的鼓掌者了。站在进化论一边的人越来越多，声势愈来愈大，以至进化论的反对者天主教徒布留斯夫人当场就昏了过去。此后，进化论在全世界广为传播。

古往今来，众多的演讲大师总是以幽默的谐趣见长的。从表面上看，幽默的力量仿佛只靠一时的灵感而获得，其实不然，我们所听到的即兴之辞，也并非都是说话人一时心血来潮的结果，“冰冻三尺，非一日之寒”，这与长期积累分不开。

有位英国首相在一次演讲之后，遇到个年轻人向他祝贺：“刚才您的讲话真不愧是一篇绝妙的即席演说。”首相则回答：“可不能这么说，年轻人，为这篇即席演说我已经准备了 20 年！”

由此看来，只要注意了平时积累，那么在关键的瞬间，机敏切题的幽默就会从你胸中自然涌出，表现出你随机应变、控制大局的能力。

幽默的语言，如果再辅之以幽默的行动，便可相得益彰。有人认为幽默的最高形式是视觉，而不是语言文字的，此话虽然不无偏颇，但在一定意义上说，也是有一定的道理的。幽默的语言和行动相配合，它让人们从中得到美的享受，使人们在笑声中晓理，并给人们以丰富的联想和无穷的回味。

有一次，林肯作为被告的辩护律师出庭。原告律师将一个简单的论据翻来覆去地陈述了两个多小时，听众都不耐烦了，好不容易才轮到林肯辩护。这时，只见林肯不慌不忙地走上讲台，先把外衣脱下放在桌上，然后拿起玻璃杯喝了口水，接着重新穿上外衣，然后又喝水，这样的动作重复了五六次，逗得听众笑得前俯后仰。林肯开始时一言不发，在一阵笑声过后，才开始了他的辩护演说。他的幽默表演，实在是对原告律师的嘲弄，这也为他辩护的成功奠定了基础。

第四，善始善终，当断则断。

演讲的开头和演讲的过程，已经讲得精彩，但要做到善始善终，有一个好的结尾方好。开头和结尾是整个演说的两个很重要的部分，可结尾往往比开头还要难于掌握。

有不少吸引人的演讲，结尾却很糟糕，它往往告诉听众我要结束演讲了，还似乎有点不放心，要挑明“我现在要进行归纳或小结”，或者用动作与表情来显示演讲即将结束。这样一来结尾必定拖泥带水，又长又臭，听众们也就无心继续听下去，开始计算离场的时间。因此，结尾一定要干脆痛快，给人留下深刻的印象。

另外，结尾要引人深思，给听众一种余音回绕，意犹未尽的感觉。结尾不一定要笑而不止，或者大笑不停。有的演讲的结尾需要严肃，有的需要戏剧性。假如场合是宴会或在晚间，则都可以用幽默的力量结束，消除一天劳动、工作的疲劳，使大家在精神上受到鼓励。

“今晚我们吃了这么多的鸡和羊肉，我看我们该早点回窝和归圈了。”

“幸好，我是今天演讲的最后一个人，否则你们非坐到半夜不可。”

在结束讲话的时候，不妨用一则有趣的故事，或者说几句与主题有关的俏皮话、祝愿词、双关语，争取收到良好的结尾效果，让你的听众们面带笑容地离开会场。

老舍“笑谈自己”的联想

——生活的幽默

幽默感并非不可捉摸的东西。近来，我费了些功夫，查明了它的来龙去脉。怎么说呢？这样吧，如果把幽默感比作一个孩子的话，那他的父母亲就分别是生活和悠闲。

我国现代著名作家老舍，是公认的幽默语言大师，他的小

说、戏剧等作品中无不充满着幽默。他写的《著者略历》的自传,展现了他的幽默天才。请看《著者略历》:

舒舍予,字老舍,现年四十岁,面黄无须。生于北平,三岁失怙,可谓无父。志学之年,帝王不存,可谓无君。无父无君,特别孝爱老母,布尔乔亚之仁未能一扫空也。幼读三百千,不求甚解。继学师范,遂奠教书匠之基。及壮,糊口四方,教书为业,甚难发财;每购奖券,以得末彩为荣,亦甘于寒贱也。二十七岁,发愤著书,科学哲学无所懂,故写小说,博大家一笑,没什么了不得。三十四岁结婚,今已有一女一男,均狡猾可喜。闲时喜养花,不得其法,每每有叶无花,亦不忍弃。书无所不读,全无所获,并不着急。教书做事,均甚认真,往往吃亏,亦不后悔。如是而已,再活四十年也许能有点出息!

老舍先生这短短二百多字的自传,充分运用了幽默技巧,描绘了自己的生活经历,显得幽默谐趣。这里可以看出,尽管老舍有高超的幽默技巧,但他的幽默也是源于生活的。正像马克·吐温所说,幽默感是生活和悠闲的孩子。

在一般人的生活当中,很难有喜剧演员、相声演员、漫画家等专门说笑话使人发笑的人,但若细心观察,身边的家人、同事、同学也常有许多有趣的言语、行为,值得我们模仿学习。

一位先生对自己正在热恋中的小妹说:

“你已经长大了,是在谈恋爱还是在玩火呢?”然后,他又很担心地开玩笑说道:

“我得给你介绍个消防员当男朋友。”

两位久别重逢的朋友同时来访,都想着向对方叙谈别后的经历,我只得说:

“别急！慢慢的！我可没办法同时用两只耳朵听二位的发言……”

日本一家出售酸奶的商店的广告有这样一句话：“本店出售的酸奶有初恋的味儿。”没有恋爱的少男少女想尝尝初恋的味儿，正在恋爱的青年男女想品品初恋的味儿，结过婚的成年男女想回顾一下初恋的味儿，就连年愈花甲的老人也想追忆一下许多年前的那段美好或心酸的初恋时光。由此，酸奶店顾客盈门。

当一位先生嫌太太菜做得不好时，太太就对他说：

“你不妨多看看食品广告，那些看起来都香喷喷。”

顾客：“我想买本书，里面没有爱情、凶杀、侦探，没有妙龄少女、百万富翁。您能为我推荐这样一本书吗？”

营业员：“火车运行时刻表。”

同世界上所有的力量一样，幽默的力量也不是万能的。但是，幽默的力量对你的生活确有好处，它会给你许多的帮助。

幽默的力量能够帮助你以新的眼光看待周围的环境和个人的生活。假如有了幽默的帮助，你能用趣味思想看待自己，容易做到实事求是的接受那些已经客观存在的现实；有了幽默的帮助，你便容易正视并恰当地估计和应付那些困扰你的难题，你就会觉得轻松一些；凭借幽默的力量的帮助，能使你同他人的关系充满温暖与和谐，你可以把那些偶然一遇的人看作是你的邻居，而能同他们一道分享欢乐。

掌握了幽默的力量，便能促使你变得更加关心他人，体贴他人，变得更加坦率和诚恳。这方法很简单，就是笑谈自己并和他人一同谈话。只要你试着每天这样做，可以断言，肯定会减轻你不少大大小小的负担。

现在，我们介绍一些在日常生活中运用幽默的力量的方法。

第一，巧将事情化小。

法国哲学家伏尔泰有一个很忠实的小仆人，可他有点懒惰。一天，伏尔泰对他说："儒塞夫，去把我的鞋拿来。"小厮赶忙殷勤地把鞋拿来了。伏尔泰一看惊呆了：鞋上仍然布满着昨天出门时沾的泥迹尘埃！

他问道："你怎么早晨忘记把它擦擦？"

"用不着，先生。"儒塞夫平静地回复，"路上尽是泥泞污浊，两小时以后，您的鞋不又要和现在一样脏吗？"

伏尔泰微笑着走出门。小厮在他身后跑步追了上来："先生慢走！钥匙呢？"

"钥匙？"

"对，食橱上的钥匙。我还要吃午饭呢。"

"我的朋友，吃什么午饭呢，两小时以后你也将和现在一样饿嘛！"

仆人对主人服务不周，当然会引起主人的不快，主人往往会训斥仆人。然而，伏尔泰却以微笑和幽默对待此事，将不愉快之事变为轻松，而且使仆人在笑声中得到教育。伏尔泰真可称得上是幽默家。

将事情化小，确实是日常生活中运用幽默力量的好方法。面对生活中可能引起麻烦的事情，我们借助于幽默，共同欢笑一场，就能把麻烦放到适当的位置而不致于过分忧虑和不悦。以轻松的态度对待麻烦，共享欢乐会使麻烦同整个生活相比之下变得不那么重要。

这里有一则《洛克菲勒投宿》的幽默：

约翰·洛克菲勒是世界有名的富翁，但是，他在日常开支方面却很节约。一天，他到纽约一家旅店投宿，要求租一间最廉价的房间。

旅店的经理说："你为什么选择这么廉价的小房间呢？你的儿子来住宿时，总是选择最贵的房间。"

"没错"，洛克菲勒说，"我儿子的父亲是百万富翁，我的父亲却不是。"

洛克菲勒就是这样常以幽默来对待生活中的事。在生活中，如果人们能常以幽默来对待各种事情，如在寒冷、炎热、潮湿的令人难熬的日子里，说上几句逗人开怀的笑话，肯定能振作大家的精神。

"办公室里真冷啊，我真想给它装上大锅炉。"

"夏天的天气真叫人受不了，如果长期这样炎热，我只得提前退休，到冰岛去度假了。"

生活是丰富多彩的，只要我们的想象力和创造力不被一些框框所束缚，就能借幽默的力量，给生活注入兴奋剂。

第二，淡然对待荣誉。

有的人总以自己受过很高的教育，或以自己有过很高的荣誉和成就，就自以为了不起，给人留下趾高气扬的印象。如果此时能对自己开个小玩笑，就不会使人觉得你锋芒毕露。许多很有成就的人物都用出人意料的幽默语言，淡然对待荣誉，成为典范。

美国著名小说家福克纳在1949年获诺贝文学奖时的演说中说道：

"我感到这份奖金不是授予我个人而是授予我的工作

的——授予我一生从事关于人类精神的呕心沥血工作,不是为名,更不是为利,而是为了从人的精神原料中创造出一些从前不曾有过的东西。因此,这份奖金只不过是托我保管而已。为这份奖金的钱找到与奖金原来的目的和意义相称的用途并不难。但我还想为奖金的荣誉找到承受者。"

鲁迅先生曾说过一句名言:

"哪里是什么天才呢,我连别人喝咖啡的时间都要用在我的工作上。"

这些名人、伟人由于他们都以幽默的力量,淡漠的态度来对待自己的荣誉,故而他们的形象在人们的脑际是不能磨灭的。

第三,不要隐瞒欠缺。

在生活中有这样的人,他们往往因某个方面的欠缺而对自己缺乏信心。我们可以这样说,对于自身缺点、家境、出身等等,采取开诚布公的方法要比设法掩饰和逃避要强得多。

人称"补白大师"的郑逸梅先生在《龙门阵》杂志上,发表了一篇《自暴其丑》的文章,尽情"嘲讽"了自己的种种"缺陷"、"缺点",不愧是"笑谈自己"的高手。年届耄耋的郑老先生写道:

我今年九十三岁,两鬓早斑,顶发全白,所谓"皓首匹夫"这个名目,是无可否认的。加之,齿牙脱落,没有镶装,深恐镶装了不舒服,未免多此一举,索性任其自然。好在我的食欲并不旺盛,能吃的吃一些,不能吃的也就算了,这岂不是成了无耻(齿)之徒吗?老伴周寿梅,逝世已越十多年,鳏居惯了,反觉得不闻勃然交谪之声,一室寂静,悠然自得。但《书经》有那么一句话:"独夫,纣。"指无道之君而言。我是无妇之夫,单独生活,那"独夫"之加,也不得不接受。我患有冠心病,时发时愈,所谓"坏良心”，我是自打招供的。且老年人，骨头中减少了钙的成分，当然体重较轻一些，那又属于“轻骨头”了。我每晨早餐，进粥一碗，佐餐的是玫瑰腐乳，所谓“生活腐化”，我是实行的了。又老年人的进食，每以蔬菜为家，可是我适得其反，午饭喜啖红烧肉，古人说“食肉者鄙”，我又是一个“鄙夫”。我执教鞭一辈子，中学、大学、女学教过数十所，但一方面教书，一方面参加社会的文艺活动，兼为各刊物写篇，一些朋友，和我开玩笑，说我“不务正业”。我除写作外，什么都是低能，家中机械化的新颖用具，我都不解如何施用，必须儿媳为我启闭，因自号“拙鸠”。“拙鸠”也就是“笨伯”的别称。性情带些迂执，大有“迂夫子”之概，复自取一号“大迂居士”。“老而不死是为贼”，我年届耄耋，当然是十足道地的老子，“贼”的名目又是推卸不掉的。又提民新文化的，对于民初崇尚辞藻，写那哀感顽艳的小说，经常在字里行间出现“卅六鸳鸯同命鸟，一双蝴蝶可怜虫”的成句，为“鸳鸯蝴蝶派”，甚至左倾偏激的，扩大范畴，即使不写这类小说，凡民国初至“五四”运动，在旧报上有所撰述的，一股脑儿斥为“鸳鸯蝴蝶派”，更詈之为“文丐”、“文妖”、“文娼”，竭泼妇骂街之能事。那么我在这时已东涂西抹，也就未幸免带进这个圈子，“丐”、“妖”、“娼”多少有些份儿了……

《自暴其丑》的作者，在文中将固有以及他人强加的所有缺点、缺陷，一股脑儿道来，使人们从中得到幽默与会心的笑。

笑谈自己的缺点、缺陷或不足之处，就如郑逸梅先生写《自暴其丑》那样，使人觉得你是一个有血有肉的人，并非圣贤，人们之间的鸿沟迅速被填平，从而由内心产生了亲切感。另外，你率先说出自己的过失、不足，别人就容易从中观照自己，从而更崇敬你的为人,而不会像一些人耽心的那样,生怕说出了自己的缺点、缺陷,会引起别人的反感,会被人瞧不起。

有的人常常向别人吹嘘“自己的祖先可以追溯到唐太宗李世民”。这时有人对他说:“实在抱歉,我们的家谱早在战乱时丢失。”

也许会有人觉得自己错生在某个时候、某个家庭,也许有的人会对自己的经济状况感到窘迫,那么,你就发挥幽默力量的作用来摆脱小小的困境吧:

“小时候我们家不穷,也不向人家借钱,只是我父亲常常上当铺。”

“我的家房子并不小,但有趣的是,我和弟妹们都睡格子铺。”

用幽默的话语,直截了当地说出自己的欠缺之处,更有利于互相之间的沟通,使自己更加面对现实去努力。

第四,消除忧虑、增进健康。

每个人的生活,总不是一帆风顺,因此遇到痛苦、挫折也是常有的事。众所周知,一些带普遍性的社会问题,如物价上涨、交通拥挤、煤气不足等等,会使人感到焦虑和不安。此外,我们自身的一些问题,例如青年人感到青春易逝;中年人工作、家庭负担重,健康状况成问题;老年人无人照顾,同青年人有代沟,内心有孤独感。如果我们能很好地使用幽默的力量,就可以明白你所忧虑的事情,并不一定是人生路上最大的事。

著名演说家罗伯特说:“我争取在最年轻的时候死去。”他不论在私下还是在公共场合,都把年龄看得很轻,以一颗年轻并富有趣味的心而出名。因此,在他 70 岁生日那天,他还签了一个为期五年的演讲合同。

一位身体过早发胖的先生说:“身体不断地发胖,有什么办法呢,别说节食无效,就是天天光喝自来水也会胖的。”

“我脸上的皱纹并不多,可苍蝇、蚊子常常被皱纹夹住,吱吱叫呢!”

有人为自己花白的或明显稀少的头发而担忧,这时,又有人说:“秃头可以戴一顶帽子。”

“我真担忧年龄一年年增进,于是,每年的冬至节我都不吃汤圆了。”

幽默给人以一种亲切、轻松和平等的感觉,它会使这些忧虑在笑声中消失。装腔作势、借以吓人都是幽默的死对头。为使生活经常保持着朝气,也要不断地注入兴奋剂。有这样一则小故事:

爱因斯坦有一天在纽约的街头遇见一位朋友。

“爱因斯坦先生”,这位朋友说,“你似乎有必要添制一件新大衣了。瞧,你身上穿着的多么旧呀!”

“这有什么关系?在纽约谁也不识我。”爱因斯坦回答说。

数年后,他们又偶然相遇。这时爱因斯坦已是一个著名的物理学家,但仍然穿着那件旧大衣。他的朋友由于关心,于是就不厌其烦地劝他去换一件新大衣。

“何必呢!”他说道,“现在,这里每一个人都认识我了。”

爱因斯坦这位世界著名的伟大的物理学家,不论在成名之前或成名之后,他都过着十分俭朴的生活,而且对衣着外表淡然置之。朋友多次劝他换件新大衣,可他对于生活中的困难,以十分幽默的态度来看待,说出了极富幽默感的话语,使自己能保持良好的生活情绪，而不至于沉湎于忧虑之中，也不会被艰难的困境所压倒。为使我们的生活经常保持着向上的朝气，就要像爱因斯坦这样以幽默的情绪来对待生活中不顺心的事，就如同给生活注入兴奋剂一样。

不仅伟人、名人能这样，普通人也能以幽默的态度来对待生活，有这样一件事：

有一位青工，是一位摩托车运动爱好者，他梦寐以求地终于买到一辆摩托车。但不幸的是，他用新车第一次参加摩托车比赛，车子就被撞坏了。可是这位青工并没有因此而沮丧，反而说："唉，从前我老是说，总有一天我能拥有自己的摩托车参赛，现在我真的拥有了一辆自己的摩托车，而且就真的仅参加一天的比赛而已。"说完，自己也忍不住地笑了起来。

生活中常常受到经济的困扰，撞坏了摩托车，主要也是经济方面的损失，用幽默的力量可以减轻经济问题带来的压力。这位青工真是明白人，知道事情已经发生，埋怨是毫无作用，不妨轻松地对待。

笑与其他感情相比，人们似乎更加喜欢它。美国笑学专家威福莱博士说："笑是一种化学刺激反应，它激发人体各个器官活动，尤其是激发大脑和内分泌系统的活动。"现代医学认为，笑能调节血压，有益于心血系统，能促进消化，进而延长生命。

无数事实告诉我们，幽默是有助于健康的。所罗门王的名言提醒我们，"心中常有喜乐恰如身体常保健康"。我国有一句谚语"笑一笑，十年少"。可见，笑对于人类有益无害。幽默，作为笑的媒介，会引起人们发笑。

当有人遭到意外伤害或患了慢性病住进了医院，医生往往会劝病人要保持愉快的心情，精神因素对治病十分重要。这时，如果借助幽默的力量，讲一些同健康有关的小故事、笑话、妙语，使病人重振精神，很有好处。如果我们由于喜悦能开怀大笑，更会有益于健康。

在爱的沃土中播种

——爱情幽默

哪个青年男子不善钟情，
哪个妙龄女郎不善怀春，
这是人性中的至洁至纯，
为什么从此中有惨痛飞迸？

爱情是什么？这种男女之间的爱，究竟是怎么一回事？

诗人讴歌爱情，小说家描绘感人心弦的爱情众生相。美国的心理学家威廉·詹姆斯说：

“当双方发生了爱情，就觉得对方是我骨中之骨，肉中之肉。如果对方死了，就觉得一部分我也随之消逝；如果对方做了什么坏事，就觉得那是自己的耻辱；如果对方受辱了，就像自己受辱那样，怒不可遏。”

这位心理学家对爱情的描写真是入木三分，也表示了爱情的真纯无瑕，在现实生活中确有如此的爱情；但是与之相反，就是爱情的虚伪无实。

近几年来，在一些大城市竟出现了一些“马路追爱者”，我们不妨简略地描述一下他们追求爱情的情形：

大路上，一位男子双眼直盯着一位亭亭玉立的妙龄姑娘，并跟上了她。

这姑娘突然驻足，转身责问：“你干吗老盯着我？”

“你真是太美了，我们交个朋友好吗？”男子毫不隐瞒、直率地说道。

“我不算漂亮，我姐姐才算漂亮呢，她在后面。”

这男子听罢，立即转身找去。可是，他碰到的却是一位满脸皱纹的老妇人。

“你骗我？”这男子又跑回来指责那姑娘。

姑娘轻蔑地朝他一笑，说：“你先骗我的！要知道，假如你真的喜欢我，为什么你还回头看我姐姐呢？”

我们如果对“马路追爱者”的例子细细思忖，的确不仅令人发笑，又耐人寻味。两位青年为何不可能相爱？因为他们是半路相逢，根本没有任何的感情作为基础。例子对这个青年男子进行了嘲讽，有相当强的幽默的力量。

爱情需要感情作基础，但这并不说明爱情与说话能力毫无关系，感情的培养同说话有密切的联系。然而，如果能采用幽默的语言，这对于爱情的获得不无好处。尽管幽默的力量不可能叫别人对你一见钟情，但是它确实对你大有裨益。

无数的事实证明，男女之间互相怀有好感，长出了感情的幼芽，能否使它健康地生长，直至开出花朵，结出果实，如何浇灌语言之水是其中一个重要的因素。

你有良好的口才素养，有利于感情的表达和交流，你就能更好地掌握几阶段爱情的“火候”；如果你能发挥幽默力量的作用，更能使你的爱情语言妙趣横生，进展顺利时更添甜言蜜语，磕磕碰碰时开开玩笑，逗逗乐趣，干戈化玉帛，和好感情胜过当初；假如口才素养低下，有“情”不能谈，有“爱”不能表，久而久之，已萌发幼芽的爱情便会枯萎。

让我们来看一则“找绳子”的幽默：

小青姑娘交上一位胆怯、寡言的男朋友，他的名字叫李逊。他常去找她，很想接近她，但当两个人在一起的时候，他又没词了；他很想得到她的爱情，但又没有勇气向她求爱。小青喜欢他的诚实，但又清楚地知道他的弱点。一个月牙儿当空的夜晚，万籁俱寂，她和他在小河边的柳树下，为了打破僵局，小青想法子要给李逊一个亲近的机会。

小青：“有人说，男子手臂的长等于女子的腰围。你相信不？”

李逊：“你要不要找根绳子来比比看？”

“谁要你找绳子”，小青生气地责问。“你不是要量腰围吗？”李逊不解地回答。

这位李逊，也确实太老实巴交了。现代社会，青年的思想十分活跃，婚姻全是男女青年谈情说爱的结果。过去那种男女结合要凭媒妁之言，父母之命，父母为儿子要媳妇，父母为女儿找婆家的状况，已经一去不复返了。婚姻由长辈包办代替，当然不费青年男女的口舌，口才高低丝毫不起作用，更谈不上语言的幽默了。如今青年自由恋爱，只有通过“谈”，才会有“恋”和“爱”，而语言的幽默，是口才高低的标志，它能增强你的魅力，促使你恋爱成功。可见，幽默的力量在谈恋爱过程中是有不可低估的作用的。

现代生活是丰富多彩的，而当代青年也是形形色色的。那么，如果我们从语言的幽默感的角度来观察他们，可以发现不少青年人在恋爱中语言的使用还存在着一些问题，值得探讨。

第一，甜言蜜语。

这里有一则《厨师的情书》的幽默小故事：

年轻的厨师给女友写情书："亲爱的，无论在煮汤或炒菜的时候我都想念你！你简直像味精那样缺少不得。看见蘑菇，想起你的圆眼睛；看见猪肺想起你的腰身。你犹如我的围裙，我不能没有你。答应嫁给我吧，我会像侍候熊掌般侍候你。"

女友给他写了回信："我也想起过你那像鹅掌的眉毛，像绿豆芽的眼睛，像蘑菇的鼻子，像味精的嘴巴，还想起过你那像雌鲤鱼的身材。我像芦笋那么嫩，未够火候，出嫁还早哩！顺便告诉你，我不打算要个像熊掌的丈夫。其实，我和你就像蒸鱼放姜那样。相信你明白我的意思。"

实际生活中，确实有这样一些青年，总以为只有甜言蜜语才能表达爱情，才够甜，才有味，于是就生搬硬造。就像这位年轻的厨师，想编成一篇全是甜言蜜语的求爱信，由于弄巧成拙，显得感情不真实，结果却适得其反。幽默小故事对这些青年的甜言蜜语进行了善意的劝讽。

关于这方面的幽默是很多的，又如"赴汤蹈火"：

小伙子在给女朋友的信中写道：

"我爱你爱得如此之深，以至愿为你赴汤蹈火。星期六晚上如不下雨，我一定去找你。"

由于甜言蜜语缺乏真实的感情基础，有的还用从书本上抄来的词句,来代替自己的语言表达,往往会产生矛盾。

第二,沉默少语。

有的青年认为,“会捉老鼠的猫不叫”,“会叫的鸭子不下蛋”,反正我真心爱人,话说不说、怎样说都无关紧要。《天仙配》中的董永傻乎乎的,不善说话,而被美貌的七仙女看上,因此,同恋人见面,还是少说为佳,言多必失,原先不会说的心安理得,会说话的也忍住不多说了,且不可笑。前文“找绳子”中的李逊就是这样的青年,青年太缺乏新时代的特色,是难以获得女青年好感的。生活中不乏类似的例子。如“羞于启齿”:

农村青年小李同女朋友认识到恋爱,已经有好长一段时间了,可害羞的小李久久不敢向女朋友求婚,女朋友忍不住问道:

“小李,你是不是有话对我说?”

小李红着脸,吞吞吐吐地答道:

“是,是的,我想……想问你,你愿意死后葬在我家的祖坟吗?”

这则幽默虽然更像笑话,但也说明像小李这样的青年也太不善于言辞了,说这样应该避讳的话,往往会使美满的婚姻夭折。

第三,直言不讳。

真心爱一个人,那么就必然在任何时候、任何事情上都讲“真话”,不能有丝毫的隐瞒和做作,这种观点自然是对的。但也不能绝对化,不能简单地理解为“爱情就是真诚”。当涉及对方的不足之处和自己对对方的评价,就要坦率与委婉相结合,直言与婉言同时使用。例如:

有位小伙子和一位美貌的姑娘,他们互相爱慕着,小伙子肯学习，很有上进心，就是个子较矮，在这点上，小伙子有点自悲感。他问姑娘："你认为男子要身材高大才有魅力，是吗？"

"是的。"姑娘点头称是。

于是，小伙子对姑娘就避而不见，两人终于分手了。

男子身材高大好看，这是毫无疑义的。但是这位姑娘也可以这样幽默地说："男子高大是有魅力，但是男子的最大魅力还在于他的聪明才智，矮人足智多谋，做大事业的往往是矮子多。"如果这样委婉地说出，也许出人意料的爱情也不至于半途而废。

第四，惟命是从。

姜昆与唐杰忠合说的相声《虎口避险》里，有一段很幽默的。

甲：你说但凡我有个对象的话，我能星期天没有事跑这看老虎玩来么？

乙：那怎么就不能来啊？

甲：怎么不能？搞对象的小伙子你们说说，你们搞对象，你们到了星期天——谁不上丈母娘家干活去。

乙：是这样么？

甲：是这样么！我跟你讲，我们家老二自从搞对象起，人家丈母娘家再也不雇保姆啦！

乙：那这么说你就愿意当这保姆？

……

这虽然是段相声，并非某青年的真实话语，但内容却是既真实而又富于幽默感。不少青年为了获得对方的爱，就是要惟命是从，有求必应，有的甚至没有一点主见，没有任何原则，这也是一种不正常的现象。

限于篇幅，在此我们不再一一举例。爱情是人类发自心灵深处一种纯真美好的东西，因此，必须要用美好来歌颂它、表达它。如果两人互相爱慕，相亲相爱，就因为语言的缘故，影响进一步沟通，导致感情中断或破裂，实在令人痛心。为此，我向青年朋友们建议，学习运用幽默的力量，这对于谈情说爱是至关重要的。其作用主要有以下几方面：

第一，运用幽默表达真诚之心。

前文谈过，爱情的产生要以感情为基础，那么如何建立牢固的感情基础呢？谚语说得好："只有掏出心来，才能心心相印。"就是说互相要用真诚之心，求得心心相通。而用幽默的力量，则是表达真诚之心的巧妙方法。例如幽默"储蓄"：

当我在一所大学里做兼职的银行出纳时，一个漂亮的小伙子几乎每天都到我的窗口来，他不是存款就是取钱。直到有一天，他把一张纸条连同银行存折一起交给我时，我才明白他是为了我才这样做的。

"亲爱的吉：我一直在储蓄这个想法，期望能得到利息。如果星期五有空，你能把自己存在电影院里我边上那个座位上吗？我把你可能另有约会的猜测记在贴上了。如果真是这样，我将取出我的要求，把它安排在星期六。不论贴现率如何，做你的陪伴是十分愉快的。我想你不会认为这要求太过分吧。以后来同你核对，真诚的彼。"

我无法抵制这诱人、新颖的接近方法。

彼用这种独特的方式，新奇的幽默语言，表达了自己真诚的心意，终于赢得"我"的友情，为爱情的发展打下了基础。

富兰克林·罗斯福的夫人在一则"丑小鸭"的幽默中，谈了

自己对罗斯福的深切感情,是感人至深的:

我童年时一直渴望别人注意我,因为有许多事使我觉得:我不能吸引人,不会有人对我倾心。别人说我是丑小鸭,像那些拜倒在我妹妹裙下的翩翩佳少年,我根本休想。我身上穿的是姑妈旧衣改的衣服;我跳舞或溜冰,姿势都不如别的女孩子那样美妙;我和别的女孩子不一样,我参加舞会,没人请我跳舞。但是有一次圣诞舞会上,一个男孩子过来请我跳舞。我心里对他的感激,一直到现在都还记得。

那个男孩的名字叫富兰克林·罗斯福。

罗斯福夫人在这段生活回忆中,以"笑谈自己"的方式,幽默地表达了对富兰克林·罗斯福最真挚的感情,被世人传为佳话。

第二,运用幽默的语言表达爱情。

青年男女经过"情窦初萌"之时的感情培养,渐入佳境,达到了两情依依的阶段,此时,应当不失时机地采撷爱情的果实。表达爱情的方式多种多样,原本无定式,如直言式、含蓄式、幽默式等等,各有各的妙处,各有各的价值,可根据不同的人物、时间、地点来选择最为合适的方法。在这里,我们只介绍用幽默力量表达爱情的方式。

1. 间接暗示法

有一则"父信为媒"是介绍科学家李四光表达爱情的特殊幽默方式:

李四光与许淑彬交往了两年,感情很好,但谁也没有提过个人的婚事。后来,李四光终于以幽默的方式表达了爱,有一天,许淑彬收到李四光寄来的一封信,打开一看,她愣住了。信中放了李四光的父亲写给李四光的一封信,信上说:“你既然和某人相识两年,互相都很了解,你已经三十多岁了,如果她家中同意,就订婚吧!”许淑彬看完了信,脸上发烧了,心里像敲响了一面鼓。她不问也知道,信里所说的“某人”不就是指自己吗?于是,她就征求母亲和哥哥的意见,他们经过反复考虑,终于同意了这门亲事。

2. 坦率直言法

老舍先生是我国现代著名的幽默大师,他写给胡絜青的情书,坦率直言了对她的爱慕之情,同时很有幽默的色彩,请看幽默气氛浓郁的小故事“老舍的情书”:

老舍在33岁时已是文坛著名的作家,但还未成婚。当时,朋友们见他与胡絜青的性格和爱好比较接近,就轮流请他们俩吃饭。赴宴三次后,两人都心领神会了。终于,老舍给胡絜青写出了第一封信:

“我们不能光靠吃人家饭的办法会面说话,你和我手中都有一枝笔,为什么不能利用它——这完全属于自己的小东西,把心里想说的话都写出来。”

信写得诚恳坦率,打开了两人情感的闸门。此后,他们相约每天都给对方写一封信,如果哪天老舍没有收到姑娘的信,他就像丢魂似的坐立不安。

老舍认为,选择爱人的标准是:“两个帮手,彼此帮助,是上等婚姻。”

松赞干布的求婚也是坦率直言,同时又不失幽默的力量。

传说唐朝文成公主既美丽,又聪明。她选驸马时提出一个条件:只要谁能提出问题难倒她,她就嫁给谁。许多王子来求婚,提出许多稀奇古怪的问题,文成公主都对答如流。他们只好高兴而来,败兴而去。

松赞干布得知消息后,也赶来求婚。他非常坦然、恳切地向文成公主提到:“请问,我提个什么问题能难倒你?”

文成公主听后,什么也没说,就应下了婚事。

3. 借物传情法

革命导师马克思的求爱术,富于幽默感,叫人拍案叫绝。

一天,马克思与燕妮又约会了。尽管他们都钟情于对方,但又都羞于启齿。最后,还是马克思鼓起了勇气,对燕妮说:

“我交了一个朋友,准备同她结婚,不知道她同意不同意。”燕妮听后大吃一惊:

“你有女朋友!”

“是的,认识已经很久了。”接着马克思又说:“我这里有一张她的照片,你想看看吗?”

燕妮不安地点点头。于是,马克思拿出一只精致的小木匣递给燕妮,并嘱咐她等他离开后再打开。

燕妮等马克思走后,双手颤抖着打开匣子,一下子呆住了,匣子里没有照片,只有一面镜子。但燕妮很快就明白了,镜子里照出的就是她自己。

4. 另觅角度法

有一则“‘刘巧儿’自己找婆家”的幽默:

新凤霞十分敬爱吴祖光的为人,有心希望能同他共同生活一辈子。有一次,他们在一起,新凤霞说:

“我演的《刘巧儿》这出戏,您看了吧?”

吴祖光说:“看了,真好。”

新凤霞说:“前门大街的买卖家,到处都在放巧儿唱的‘因此我偷偷地爱上了他……这一回我可要自己找婆家……’。”可是，吴祖光为人很单纯，一点也不懂得她的意思，竟说“配合宣传婚姻法，这出戏最受欢迎”。

就这样，新凤霞借刘巧儿的话，从另外一个角度，表达出自己对吴祖光的爱。

第三，用幽默讽刺不正确的恋爱观。

用讽刺意味的幽默，来嘲讽不正确的恋爱观，生活中这方面的例子是很多的。例如“什么蛋最贵”，就是用来讽刺变相买卖婚姻的。

甲：什么蛋最贵？

乙：鸡蛋呗！

甲：不，脸蛋最贵。

乙：怎么知道？

甲：我已经给了我那女朋友一千多元钱了，可她妈说，凭她女儿的脸蛋再给一千元也不多。

再如“各显神通”：

家庭会议上，一家人在热烈谈论“承包责任制”。

父：我今年承包两个鱼塘，预计收入一千元。

母：我承包咱玲玲的婚事，彩礼不挣他个千儿八百的，愿受罚！

“东吃西眠”是讽刺对待爱情朝三暮四、不专一的。

古时候，有一位年轻的姑娘到了该嫁的年龄，刚好有两家人到她家求亲。东边的一家公子面貌很丑，但家财厚实；西边一家的公子相貌英俊，家中却很贫寒。姑娘的父亲母亲问：

“你到底愿意嫁给哪家？”

姑娘回答:“我嫁给两家。”

父母吃惊地问道:“你说的什么意思?”

姑娘说:“我在东家吃饭,西家睡觉。”

幽默“漂亮女友”是嘲讽那些只追求外表美,而不追求内心美的人的。

一个风度翩翩的小伙子,一心只想找个如花似玉的漂亮女友。一日,他又来找媒婆。媒婆对他说:

“这个女人长得像水仙花……”

小伙子听了喜出望外,立即决定要她,不待媒婆详加解释,便去找她了。可是一见面,却发现是一个老太婆。盛怒之下,他找到媒婆责问道:

“你干什么要欺骗我?”

“没有哇,我把她比作水仙花,是因为她的头发是白的,脸色是黄的,腿是绿的……”

还有幽默“不能要求过分”是讽刺对恋人过高要求的。

一位老姑娘来到婚姻介绍所,对工作人员说:

“我感到太寂寞了!……我想找一个丈夫,他必须是讨人喜欢的,有教养的,能说会道的,爱说爱笑的,爱好体育的,消息灵通的……还有一条,我希望他终日在家里陪着我,我要他讲话他得开口,我感到厌烦他得住口。”

“我懂了,小姐。”工作人员回答道:“我劝您去买一台电视机。”

凡此种种,不胜枚举。朋友,从上述的例子中你是否已经看出,幽默的力量在谈情说爱中有着不可忽视的作用。愿您再多一点幽默感,也祝您恋爱成功。

夫妻同室写情书的启迪

——婚姻家庭幽默

我希望卡尔跟我在一起是幸福的，正像我自己希望跟他在一起是幸福的一样。然而要做到这一点，我不仅应该成为一个贤妻良母，而且也应该成为他的同志，他的谋划人，不仅要相信而且要尊敬。因为其中包括我的全部精神生活。

恋人、夫妻身处两地，两情依依，借鸿雁来传递情书，表达爱情和相思之情，这是情理中的事，不足为奇。这里我向大家介绍的却是“夫妻同室写情书”的趣事。

著名的抗日民族英雄吉鸿昌与胡红霞结为夫妻后，两人感情甚笃。吉鸿昌因年幼失学，文化程度很低，胡红霞便主动成了丈夫的文化教员。有一次，她看到吉鸿昌苦学苦读的情景，故意开玩笑说：“此孺子可敬也！”最有意思的是，他们为了训练自己的文字技巧和写作能力，夫妻俩同住一室，足不出户，可是来往的信件却非常频繁。这些在一间房子里写成的情书，交流爱国思想，使夫妻俩都受到了很大的鼓舞，同时也表达了双方的爱情，使夫妻的感情更加深厚了。

正像马克思夫人燕妮所说的，她不仅要成为一个贤妻良母，而且要成为马克思的同志,他的谋划人。胡红霞也正是如此,她同吉鸿昌情深意笃,才会主动成为他的文化教员,才会同室书写情书交流革命思想,被传为美谈,成为夫妻恩爱的典范。同室书写情书这件事,又表现出主人公的幽默人格,给人们一种意味深长的启发。

从现实生活中我们可以看到:幽默能够帮助我们克服婚姻和家庭生活中的许多困难,使家庭充满着笑与和谐。

家庭作为社会的细胞,是社会有机组成部分。每一个人作为其中的一员,都生活在家庭中。然而,在当今的家庭生活中,有的和睦相处,生活充满着笑语和幸福;也有的家庭不那么协调,经常产生矛盾,发生口角。客观地讲,“没有矛盾就没有世界”,一个家庭,什么矛盾都没有,不符合实际,也不可能有这样的家庭存在。

19 世纪俄国伟大的批判现实主义作家列夫·托尔斯泰有句名言:“幸福的家庭都是相似的,不幸的家庭各有不幸。”它是对家庭问题富于哲理的高度概括。它犹如一面镜子,照着古今中外的千家万户。

作为家庭的每个成员,特别是一个家庭的主要成员夫妇俩,都应该会幽默,学会以笑来代替苦恼,以愉悦的形象的方式表现幽默,表达你个人的真诚、心灵的善良、你的爱,使你和家人的关系变得更亲密、协调、和睦、谅解。

首先,珍惜爱情。

美国著名作家马克·吐温爱上了头发乌黑、美貌动人的莉薇小姐,他们在 1870 年 2 月 2 日举行了婚礼;美满的婚姻,给他们带来无限的幸福,不久,马克·吐温给友人写信,在信中他不无幽默感地说:“如果一个人结婚后的全部生活都和我们一样幸福的话,那么我算是白白浪费了30年的时光。假如一切能从头开始,那么我将会在呀呀学语的婴儿时期就结婚,而不会把时间荒废在磨牙和打碎瓶瓶罐罐上。”

马克·吐温对他的爱情作了多么高的评价,从“我算是白白浪费了30年的时光,假如一切能从头开始,那么我将在呀呀学语的婴儿时期就结婚……”从这些极富幽默感的话语中我们可以看到,他是多么珍视自己的爱情。

被全世界传为美谈的英国温莎公爵,也就是原来的爱德华八世,他为了获取爱情,竟放弃了自己的王位,真是“不爱江山爱美人”。这位公爵为爱情竟付出了如此高的代价。

有一次,公爵和几位朋友谈论如何能使夫人们感到愉快,他幽默风趣地说:“应当承认,在这方面我比你们各位都更为有利。在遇到困难的时候,如果能提醒夫人说正是为了她才放弃王位,对于事情是很有好处的。”

有人问欧玛·庞贝克在她用钱所买的东西中,哪件价值最高,她不加思索地回答:

“我的结婚戒指。多少年了,它都没有失去它的价值。在诱惑面前,它使我不为所动。在晚会上,它提醒我的丈夫该回家了。在聚餐时,它让同桌人不至于因自作多情而想入非非。在产科病房里,它是我作为合法妻子的标志。在过去的30年中,它一直没忘记说,有人爱着我。”

无论是大作家、公爵,或者是平民欧玛·庞贝克,他们都用幽默的力量,珍重爱情,使爱情之花永不凋谢。

正如匈牙利伟大诗人裴多菲的诗句所写:

“生命诚可贵,爱情价更高。”

发挥幽默力量的作用,还可以对那些不珍惜爱情的思想和行为进行幽默的讽刺。

如一则“爱情的色彩”幽默:

“亲爱的,爱情是什么颜色的?”

“红的,就像那红彤彤的大立柜。”

“不对。”

“五色的,就像那‘日立’牌的彩色电视机。”

“也不对。”

“你说到底是什么颜色的?”

“苍白的,就像一旦我不买那些东西时你的脸!”

还有一则“结合原因”的小小幽默:

妻子:“我晓得,你和我结婚,是因为我有钱。”

丈夫:“不是,是因为我没钱。”

其次,分享欢乐。

幽默的力量带来的乐趣应该共同分享,你与自己的家人一起笑,才会感到万分的快乐,才能使爱与笑有所发展。

我们说,婚姻与爱情的核心是奉献,而不是交易。什么是爱?爱是存在于共同分享兴趣、爱好、成功、失败的人们之间的一种态度,一种精神。有了爱,才能使婚姻的双方感到两人必须一道生活。

一位著名的心理学家说过:“由于人们多半想的是被别人所爱,所以往往忽视了自己爱的能力。”

人们最常犯的错误就是刺伤自己所爱的人,往往以为说几句刺耳的话没关系,对方反正是会宽容自己的,其实这种观点是不正确的。同最亲近甚至相爱的人在一道,人们可以更加自在、无拘无束,但是仍应保持一定的分寸,那就是不要用尖刻的挖苦和讽刺的语言。应当随时提醒自己注意,对于家庭每个成员,都应该用活泼愉快的幽默的力量和他们共同享受生活的乐趣。

约翰和太太结婚多年了,他们看法也常常有不同,但他们总是要尽量发现几件每人都高兴的事:

他遗失的东西,她总能找到。每当他看完报纸后,她也要看一遍。

他睡觉的时候要打开窗户,她起床的时候再关上。

她说:"亲爱的,这件衣服太贵,我不买了。"

他回答说:"不,我一定要买下,作为生日礼物送给你。"

"我已经老了,一点也不漂亮了。"她悲伤地说。

"不,对我来说,你任何时候都是年轻漂亮的。"他说。

"约翰。"她微笑地说,"你真地很喜欢我,不是吗?"

"是的。"他大笑道,"我爱你。"

在分享幽默力量带来的欢乐时,不能只是坐视别人,不能坐等欢乐的到来,而应当积极地参与幽默,这样,会获得他人的理解与信任。

有人问爱因斯坦夫人:"您了解您丈夫的相对论吗?"

夫人摇摇头,然后她又略带幽默地说:"不过我了解我丈夫,而且知道,我完全可以信任他。"

再次,承认差别。

事物是不断变化的,随着时光的流逝,给人们也带来很大的变化,婚姻与家庭关系也会随着时间的逐渐推移而呈现某种变化的趋势。

再者,人总是千差万别的,当感到彼此之间有什么看法不一致的时候,你不妨利用这差别制造一点儿幽默,彼此都来笑一笑互相的不同之处,会从中得益的。

不少男人往往开女人的玩笑,说她们喜欢打扮,任意挥霍,而且多嘴多舌。

“我妻子什么都好,就是不管做了多少服装,总说自己缺衣穿。”

“别说女人们舍不得花钱,买首饰她们可是最大方的。”

有的女人也常常抱怨男人脾气大,不体贴人,而且粗心大意,自以为是。

有位妻子责怪说:“谈恋爱时,你对我百依百顺,细声细语,结婚才5年,为什么喉咙变得这么粗,嗓门变得这么大?”

还有位妻子对丈夫说:“你总说自己什么都对,都会,真好像除了生娃娃,什么都会。”

社会在变化,家庭里的各个成员也在变化,地位微妙地变化着,妇女“当家”已是普遍现象。

甲:“你在家里的地位如何?”

乙:“绝对权威!大事听我的,小事才由老婆做主。”

甲:“哪些是小事?”

乙:“买冰箱,彩电,组合柜等等。”

甲:“什么是大事?”

乙:“两伊战争怎么结束,布什能不能当总统,明年是旱还是涝……”

第四,加入润滑油。

一个美满的家庭,也像一辆行驶在漫长公路上的汽车,除需把好方向盘和加入燃料外，同时切莫忘记给车子加入润滑油，免得机器摩擦过热，发生故障而抛锚。幽默力量的作用就像润滑油那样，切不可忽视它的特殊功能。

在家庭生活中，需要理解和宽容，需要用恰当的幽默保持温暖和谐的家庭气氛。懂得如何在婚姻与家庭生活中运用幽默力量的人，能够以更坦率、更诚恳的态度对待他人。

温斯顿·丘吉尔是英国的著名首相，他在谈到自己的夫人时说："我觉得一生中最为辉煌的成就，是我竟然说服我的妻子嫁给我。"

在一次宴会上，丘吉尔先生和他的夫人面对面坐着。丘吉尔先生的一只手在桌子上来回移动，两个手指头向着他的夫人的方向弯曲。

旁人对此十分好奇，就问丘吉尔夫人："你丈夫为什么这样若有所思地看着您？他弯曲着手指，来回移动又是什么意思呢？"

"那很简单。"丘吉尔夫人回答，"离家前我们发生了小小的争吵，现在他正在承认那是他的过错，那两个弯曲的手指表示他正跪着双膝向我道歉呢！"

在每个人的家庭生活中，出点差错也是常有之事，可以说没有任何人能够避免。此时，互相埋怨是毫无作用的，只能用幽默的力量去妥善处理一件件麻烦，种种不愉快。

丈夫由于粗心大意，也因为公事繁多，忘记在妻子的生日时赠送礼物，到了下个月的这一天，他才恍然大悟。他只好拿着迟到的小礼物抱歉地说："相信明年总该不会迟到了吧！"

"昨天我看见你太太了，她咳嗽得那么厉害，大家都看着她。

她一定病得不轻。"

"啊,不,她只不过穿了一件新裙子罢了。"

有位男子告诉人家,他的妻子总是暗示,她想得到一件挂在脖子上的东西,于是,他买了块香皂送给她。

有人问一位夫人:"请问,每次您和丈夫争吵是如何结束的?"

夫人说:"千真万确,我跪在地上教训他:'你这个千刀万剐的,赶快从床下给我出来!'"

这位问话的人大吃一惊:"真是难以想象!"

家庭中吵吵闹闹,夫妻之间龃龉不合,产生的烦恼影响人们的事业和工作。有没有消除烦恼的灵丹妙药?其实是没有的。这只能用互相的关怀与理解,轻轻松松的幽默来解除。请看"幽默化干戈"的幽默小故事:

有一对夫妻,结婚后经常吵架。在一次争吵的高潮中,女的说:"天哪,这哪像个家!我再也不能在这样的家里待下去了!"说完她就捡起自己放衣服的皮箱,夺门而出。刚出门,男的也叫起来:"等等我,咱们一起走!天哪,这样的家有谁能待下去呢!"男的也捡上自己的皮箱,赶上妻子,并把她手中的皮箱接过来。结果,他们不知在哪儿转了一圈儿,又一块儿回家了。这时,他们的神情像刚刚度过蜜月一样。

爱因斯坦有时脾气显得很暴躁,特别是人家来打搅他工作的时候。他的夫人很喜欢招待朋友到家里喝茶,这时她也叫爱因斯坦下楼和他们一起聊天,他的回答往往是粗暴的声音:"不!不!我不!我不!我出去,我不能在这里工作了,这样打扰我,我简直受不了啦!"

妻子知道他的脾气，这时候便一声不响，隔一会儿，她只用两句委婉的话，就可使风暴过去，爱因斯坦也走下楼来。其实她也是一番苦心，希望她的丈夫能轻松一下，得到必要的休息。

第五，填补“代沟”。

子女在家庭生活中占据重要的位置。有了儿女，有了欢乐，家庭充满生气，充满希望，家庭才完美无缺。但是，子女又往往不容易体谅父母的难处，父母又难以了解他们的内心世界，存在着所谓的“代沟”，常常使我们感到头痛。

面对现实，我们也不妨使用幽默的力量，减少两代人的差异，填补“代沟”。

有位男子感叹：“同儿子沟通太难了，才十几岁就同我说话越来越少了，一开口就是‘爸爸，学费’，或者‘爸爸，给我买东西。’”

“孩子，爸爸像你这么大时，还光着脚上学呢。”爸爸又一次对儿女说，儿女一齐回答：“那是什么年代，现在时代不同了！”

一位做母亲的说：“女儿几次问我什么是结婚，我告诉她，结婚就是说以后要做干不完的事。”

“在孩子的学业上，我可没少花钱，要什么给什么，可他的成绩不知为什么总在班级的倒数几名之内。”

儿子在寄读学校给父亲写了封信，整封信只有六个字：“无钱，无趣。儿子。”

一个星期后，他收到了回信，也只有六个字：“多少，振作。父亲。”

所有这些都可看出，同下一代沟通的确不容易，要用幽默的力量花大气力去做。其实，从孩子们的身上也常常会看到，他们自然而然地掌握了幽默的力量,表现出童心稚趣。

小冬:“妈妈,我和小英在花园里假扮猴子和小象,你参加我们的游戏好吗?”

妈妈:“那要我假扮什么呢?”

小冬:“您扮一位胖太太,把蛋糕和水果糖喂给我们就行了。”

一位母亲教训儿子:“我告诉过你多少次,大人讲话时,小孩子不要插嘴。”

“是的,妈妈,我试了好多次,但他们总是讲个没完没了。”

孩子们很聪明,有时无意之间,他们会把幽默的矛头对准大人的缺点,来观察和评论父母。

爸爸拳打脚踢地揍了儿子一顿。儿子哭丧着脸说:“妈妈刚才骂您,您拿我出气,这真像那句话。”

“什么话?”爸爸余怒未消。

“大鱼吃小鱼,小鱼吃虾米。”

女儿开着父亲的汽车前去和情人约会。过后她的男朋友问她:“你父亲对我们闯下的车祸说什么了没有?”女儿反问道:“是不是我把难听的话都省略不说为好?”“当然如此!”“那好吧,他什么话也没有说。”

天下父母,谁不以为自己的孩子最聪明可爱?这是人之常情。正像俗语说的:“儿子还是自己的好。”但是如果把这喜爱之情过分地表现于同事、朋友、邻居之间,往往会引起他人的反感和厌烦。因此,不妨用幽默的方式巧妙地表达,或者干脆自我嘲解一番。

一位父亲对同事说:“我女儿的国画作品虽然在省里得了奖,可她是花了多少工夫呵!人家聪明的孩子如果花她这么多工夫，肯定能在全国得奖了。”

凡此种种，例子举不胜举。家庭的每个成员，都能帮助我们获得幽默的力量，如果我们能像吉鸿昌夫妻那样珍爱爱情，用幽默的力量消除婚姻和家庭生活中的种种困难，定会减少忧愁与摩擦，增加欢笑与和谐。

愿你成为幽默家

——幽默与“成才”

木有所养，则根本固而枝叶茂，栋梁之材成。

朋友，你是否认真想过，世界上真有创造幽默的天才？事实上，世界上没有人天生是幽默的，它必然是一个人所处的环境和努力所致。只要你肯下工夫研究，并努力加以实践，你一定也会成为人人欢迎的幽默家。

幽默，无论对于听者还是说者都是一种快速反应的结果。说话幽默的人，当然要有快速的思维能力，他不光在大脑中贮存了大量的幽默故事，而且有一种幽默气质，能从身边的平凡琐事中发现幽默，并用语言迅速说出口来表达、渲染气氛。要构成一个幽默的环境，必须是说者与听者都有幽默感。而要有幽默感，首先必须具备灵敏的思维。从这个角度来说，幽默感是人的一种性格特征。

有较多幽默气质和幽默感的人，是属于哪一种性格类型呢？根据心理学家的分析，一般来说，对事物敏感、感情丰富的人较多幽默气质和幽默感。有些在常人看来平平常常的事情，经过幽默大师的口，“妙笔生花的描绘”，瞬间变得令人笑破肚皮了。在他人看来，大师们仿佛具有特殊的“第六感官”，在实际生活中，只有对事物敏感、有丰富感情的人才具备这些性格特征。

当然，事物都是一分为二的，像美国著名的物理学家爱因斯坦、我国唐代著名诗人苏东坡一定属于哪种性格特征，实在难以界说，因此不能对比。此外，人的性格也会随着环境、时间、地点的变化而变化，如中国古语所说“近朱者赤，近墨者黑”，是有道理的。

幽默，既然可以习而得之，那就要下点工夫去钻研，去培养，只要你有心努力一定会成功的。

第一，必备的素质。

挪威探险家托尔·海雅达尔在同几位同伴孤筏涉重洋后，感触至深地写道：“在冒险航行的恶劣条件下，开开玩笑，说说笑话，对一个探险集体来说，其重要性‘决不亚于救生圈’。”

海雅达尔对幽默的重要性做了极富幽默的描述。是的，无论是身负重任的领导者，或是普普通通的平民百姓，幽默感都是一种必备的素质。

在前文中，我们已经介绍了美国的“幽默英雄”史蒂文森，他两度竞选总统都败在艾森豪威尔手下，但他即使在失意时也不忘幽默，使他成为一个失败的“成功者”。

古今中外，借幽默的力量“反败为胜”的例子是层出不穷的。

罗纳德·里根是美国历史上年龄最大的总统,这在崇尚年富力强的美国,不消说是一个令其头疼的问题,难怪他的对手蒙代尔总想抓住他的年龄做文章。1984 年 10 月 24 日晚上,里根为了连任总统,与蒙代尔进行了一场至关重要的公开辩论。法新社记者在当天的电讯中是这样描述的:“他在回答他是否认为自己担任总统年龄太大的问题时,把在市政礼堂里的观众都逗笑了,并得到了好评。里根说:‘我将不把年龄作为一个竞选问题,我将不利用我的对手年幼无知这一点以占尽便宜。’”

幽默使里根、史蒂文森这些大人物“反败为胜”,度过了不好下台的难堪的局面。当然,幽默并非现代社会少数大人物的专用武器,《南亭笔记》中有这样一则幽默故事:

彭玉麟有一次路过一条偏僻小巷。一个女子用竹竿晒衣服,一失手竹竿坠落下来,正好击中彭的头部。彭大怒,厉声斥骂。那女子一看原来是彭玉麟,内心十分害怕。但她在慌乱中急中生智,连忙说:“你这副腔调像是行伍里的人,所以这样蛮横无礼。你可知道彭宫保就在这里! 他清廉正直,假如我去告诉他老人家,怕要砍了你的脑袋呢!”彭玉麟听了,马上转怒为喜,心平气和地走了。

身价低下的女子失手伤了权重势盛的彭宫保老爷,即使她反复道歉,请罪,难解尴尬,难脱困境。这位聪明绝顶的女子,采用幽默的语言,运用间接赞美的方法,面对彭玉麟却假装不知,以“清廉正直的彭宫保”来对付这个“行伍里的人”,这种迂回赞美比直言赞美既多了幽默的色彩,又使彭玉麟认为是“真心”的赞美,并非“恭维”,于是息怒而去。

目前国外的一些企业、公司、学校将有否幽默感,列为选择工作人员的必备条件之一,因为,具有幽默感的口才是衡量一个人社交能力的重要标志。作为社会代表的领导者,当然更应具备幽默这种必备的素质。一个谈吐风趣、具有幽默口才的人,易于博得广大群众的好感;也往往具有随机应变的能力,能够直言地道出难以启口的问题,能使自己所领导的集体变得友好与和睦,并成为众望所归的领导者。

培养自己的幽默才能,一定要在一开始就很注意把握分寸。特别是担任一定职位的领导人,句句言谈非同小可,如果不慎过了头,非但不起作用,而且可能会适得其反,甚至会产生严重的后果。

第二,讲话与“话外”。

幽默,离不开语言,要使自己具有更多的幽默素质,每一个人都要进行语言的训练。

宋朝著名爱国诗人陆游,曾对儿子说过这样一句话:“欲学诗,工夫在诗外。”虽谈的是诗,但这句话用在幽默也是一样。

幽默是瞬间闪现的智慧的火花,但要做到妙语连珠,就要在“话外”即实践中加强多方面素质和基本功训练。关于基本功训练,前文已作了叙述,这里不再赘述。

第三,增强幽默感。

要使自己也成为幽默家,就要把他人的幽默的人格变为自己的幽默人格。幽默不是从天上掉下来的,也不是用金钱能买得到的,关键在于,我们在运用幽默之前,首先要努力创造并逐步发展自己的幽默感。

一天,德国著名作家、诗人海涅收到一个朋友寄来的一封分量很重的欠邮资的信。他取这封信时,付了一定数目的钱。拆开封皮一看，原来是一大捆包装纸，把包装纸一层一层地揭开后，里面有一张小纸条：

“我很好，你放心吧，你的N。”

海涅的朋友很快也收到一个欠邮资的包裹，包裹很重，他以为里面一定有贵重的东西，为取这个包裹，他不得不付出一大笔现金。原来包裹里面装的是一个大石头，石头下面也有一张纸条：

“当我知道你很好时，我心里的这块石头也就落地了。”

看了上述这则“这块石头也就落地了”的幽默，我们不禁会捧腹大笑，诗人海涅竟会幽默到这样的程度。透过这滑稽的故事，我们看到了海涅的幽默的人格。他在待人处事方面是意味深长的，给人一种轻松的欢笑感，在语言方面给人一种风趣感，在增强幽默感方面又给人以启发。

在日常生活、工作中，也要加强自己的趣味和游戏精神，怀着好玩有趣的情绪多多表露自己：“我这个人也是有趣的！我们一起欢笑，互相信任，我能够取笑自己，而决不会取笑别人！”

你自己充满了趣味，一旦被周围的人所发现，他们就会喜欢你、信任你，更重要的是乐意和你来往、交谈。别人会觉得找到了一个可以倾诉的对象。他们自觉或不自觉地把烦恼和挫折的事儿告诉你，也不会担心被耻笑。当你把幽默当“礼物”送给别人，你就免不了会从他人那儿得到许多有用的东西，学到幽默。别人信任你，乐于同你在一起，同你一道工作，那么与此同时，你便有了向上的力量，如虎添翼，通向成功。

总而言之，尽管每个人成功的得力点不尽相同，但不少人都是将好玩有趣的精神变为幽默而取得成功的。只要我们持之以恒地努力，学会用幽默帮助别人，人家也会来帮助我们，我们是完全可以加强自己的幽默感，将幽默变成自己的人格的。

第四，千里之行，始于足下。

知道了幽默是什么，怎样才能幽默，明白幽默的种种技巧是必要的，但具备幽默的才能才是我们的目的，正如毛泽东同志所说“学习的目的全在于应用”。

不少人说“知易做难”，我们不知从哪里下手，从何做起，这话有一定的道理。古人云“千里之行，始于足下”，从现在做起，在自己实际的工作、生活中学起。

学习是创造的前提，有人说得好：“在生活中，留心处处皆幽默。”因此，我们要竖起耳朵，听别人讲趣事，听同事幽默地谈工作，也听家人的欢声笑语。

有一个人自称很会下棋。有一天，他和别人下棋，接连输了三盘。

有人问他：“今天你和人家下棋，一连下了几盘？”

他回答：“三盘。”

又问他：“几胜几负？”

他说：“第一盘我不曾赢，第二盘他不曾输，第三盘我要和，他不肯。”

别人说：“那你不是都输了吗？”

他不服气地说：“我哪能输给他，不过是让他几盘罢了。”

留心听别人交谈，就会有许多妙语，幽默故事提供给我们，使我们受用不尽，会给我们带来莫大的益处。像这则故事中，这位输了不认输的人，在生活中是常见的。

某医院有个医术浅薄的年轻大夫。一天，一位病人求他治病。病人讲了病情之后,年轻的大夫就对病人进行了检查。可是,查来查去,却说不出病人患的是啥毛病。他思索了一会儿,突然严肃地问病人:“请问先生,你以前得过病吗?”

“得过,大夫。”

“嗯,对了!你现在是旧病复发。”

再看一则“不要忘记鄙人”的幽默:

待业青年:“申请开店营业,请办理手续。”

办事员:“今后店里有了便宜货,可不要忘记鄙人。”

待业青年:“……”

办事员:“经营何种业务?”

待业青年:“精制各种花圈和骨灰盒子。”

在这两则幽默故事中,这位医生是庸医,而办事员则是条蛀虫。人们往往对后一类故事更欢迎,因为人们对社会上的不正之风深恶痛绝,以幽默进行讽刺令人们感到痛快。又如:

傻孩子:“四同三谁大?”

爸爸:“当然四比三大。”

傻孩子:“为什么三元比四角大?”

爸爸:“这是单位不同。”

傻孩子:“为什么三个苹果比四个核桃大?”

爸爸:“这是概念不同。”

傻孩子:“那为什么三姨妈比四姨妈大?”

这傻孩子是很天真的,童言多稚趣,小孩往往能给我们很多的幽默启发。只要我们细心观察,身边的人常有许多有趣的言语、行为值得我们模仿学习。必须注意的是,不要去揭人家隐私,谈话间宁可赞扬别人压抑自己,千万不可以损人达到使人发笑，这是不道德的行为。

在大千世界，每个人都有自己的故事，每个人都有自己的幽默。发掘自己的故事，是你幽默致胜的一条捷径。台湾作家三毛的幽默，如同快乐，随手可得，现摘录几段：

清晨起来，喝冷茶一杯，慢打太极拳数分钟，打到一半，忘记如何打下去，从头再打，依然打不下去，干脆停止，深呼吸数十下，然后对自己说："打好了！"再喝茶一杯，晨课结束，不亦乐乎！

静室写毛笔字，磨墨太专心，墨成一缸，而字未写一个，已腰酸背痛。凝视字帖十分钟，对自己说："已经写过了！"绕室散步数圈，擦笔收纸，不亦乐乎！

逛街一整日，购衣不到半件，空手而回，回家看见旧衣，倍觉件件得来不易，而小偷竟连一件也未偷去，心中欢喜，不亦乐乎！

……

匆忙出门，用力绑鞋带，鞋带断了，丢在墙角。回家来，发觉鞋带可以系辫子，于是将另一只拉断，得新头绳一副，不亦乐乎！

……

上课两小时，学生不提问题，一请二请三请，满室肃然。偷看腕表，只一分钟将下课，于是笑对学生说："在大学里，学生对于枯燥的课，常常会逃课。现在反过来了，教师对于不发问的学生，也想逃逃课，现在老师逃了，'再见！'"大步迈出教室，正好下课铃响，不亦乐乎！

……

交稿死（日）期已过，深夜犹看《红楼梦》。想到"今日事今日毕"格言，看看案头闹钟已指清晨三时半，发觉原来今日刚刚开始，交稿事来日方长，心头舒坦，不亦乐乎！

……

摘录得已够多的了，三毛的确是位幽默家。对平平常常的事都以创作快乐之意，创作出幽默。从中我们亦可体验到：幽默并非高深莫测，生活是幽默的源泉！幽默的材料是层出不穷的，只要我们巧妙地加以运用，就能在社交上达到良好的效果。

“千里之行，始于足下”，从现在做起，从吸取身边的幽默素材做起。让我们共同记住：幽默地对待生活，幽默地想问题，每时每刻地从生活中开掘各自的幽默！

愿您成为幽默家！

巧妙移用耐人寻味

——词语移就法

人的地位越低，他就越接近现实生活的真理，越接近生活的最高智慧。

“词语移就”法，即把惯用于描述甲事物的词语移用来说明或形容乙事物，从而产生一种巧妙的耐人寻味的幽默效果。

若干年前一次中央电视台的春节联欢晚会上，有一段相声表演，内容说的是为拍摄电视片赞助作广告的事。里面说的几句广告词就使人忍俊不禁。比如，“让××牌鞋垫‘冲出亚洲，走向世界’”；“××老人牌脚气水‘味道好极了’”；“每当我看到天边的绿洲,就想起东方‘石棉瓦’”等等。

这里的幽默就来自我们所论述的“词语移就”法。具体来说,它是把人们已习惯用于中国足球运动、某些食品饮料和某种牌号电冰箱的说法或广告词,用于鞋垫、脚气水、石棉瓦这些风马牛不相及且微不足道的事物,故而让人捧腹喷饭,同时又在笑声中看到了“经济”这个杠杆的副效应。

如果把通常用于形容女性的词语移用来形容男性,也会有一种独特的幽默效果。如鲁迅的《藤野先生》一文,描写在日本的大清国留学生时,鲁迅说他们“除下帽来,油光可鉴,宛如小姑娘的发髻一般,还要将脖子扭几扭。实在标致极了。”这里,鲁迅先生让人们在笑中,感悟到他内心深处对同胞的“怒其不争”的感情。

还有一种情形,就是把寻常不搭配的词语巧妙地进行临时组合,而显得妙趣横生,这是“词语移就”法的又一技巧。比如:台湾著名节目主持人凌峰在介绍自己时说,中国五千年的历史沧桑都写在我的脸上。他借词语移就法,为自己满脸皱纹作了绝妙的打趣,让观众乐不可支。

再如“闹市区读脸谱”、“英国人的保守是‘誉满全球’的”等等,都具有既俏皮,又深刻和耐人寻味的幽默效果。

引起轰动的电视连续剧《编辑部的故事》,被人们评价为高品位、高层次的“幽默喜剧”。它所使用的诸多“武器”之一,就是人物对话中大量出现的“词语移就”法。

综上所述,“词语移就”法是有效的幽默技法之一。它感染力大,渗透力强。随着当前社会心理对幽默兴趣未艾的渴求和推崇,以及人们视野、信息量的扩大,可以预想“词语移就”法将越来越受到人们的青睐。当然，这种幽默技法使用起来还要注意得体，否则会弄巧成拙。

动物说话别有情趣

——拟人幽默法

人的本能是一些活生生的事实，其原因是生活的需要。动物的多种多样就是这些本能起作用的结果。

拟人法，是创作童话、动画和寓言的常用手法。我们这里所说的“拟人幽默”法，是从童话王国、动画世界和寓言故事里寻找幽默感觉。

现在，唐老鸭、米老鼠、大灰狼和玩具熊都已变成了“世界公民”，成为许多人的外号和代名词；还有黑猫警长几乎成了警察的爱称。

为了表现和平这个永恒的主题，有人画了一头斗牛，却将两只犀利的牛角打成了一只蝴蝶结，而且让牛悠闲地闻着一朵鲜花。

牛角是不可能打成蝴蝶结的，就像大灰狼不可能戴上一顶鸭舌帽一样，但是幽默感就是从这不可能中产生的。

“拟人幽默”法，是人与世间万物的交流和对话，使人与大自然更加亲切和谐，这也是幽默所要追求的一种效果。

请看一则外国幽默：

一天，一位法国人去拜访他的英国朋友。当他走近朋友的住宅时，一条大狗窜出来对他汪汪吠叫。法国人吓得止住了脚步。正在这时，他的英国朋友出来看见了他，忙说："不要怕，有条谚语说：'汪汪叫的狗不咬人'，你不知道吗？"

那位法国人马上答道："我知道这条谚语，你也知道这条谚语，可这狗……它知道这条谚语吗？"

这则幽默的绝妙之处就在于最后一句话上，法国人故意将人和狗相提并论，将狗人格化，把它当成了一个会思考的动物，从而既发泄了心中不悦，又不失去礼貌。他所采用的幽默技巧，就是"拟人幽默"法。

从某种角度来看，我们不能说动物没有情感，但是动物毕竟缺乏动机。而拟人则赋予动物强烈感情色彩和某种动机，把某些无意识的结果变成有意识的自觉行为，幽默往往由此而生。

请看下面一段对话：

——昨天你的马骑得怎么样？

——不太坏。问题是我那匹马太客气了。

——太客气了？

——是呀！当骑到一道篱笆时，它让我先过去了！

大家一看便知发生了什么事情，马把这位先生摔下来，并非有意为之，只是由于跨栏技术尚不达标。而主人把自己被摔的遭遇反解为马的"客气"。主人正是用拟人幽默法来追求一种自我解嘲的喜剧效果。

"拟人幽默"法不仅能够产生自我解嘲的效果，而且可以巧妙地运用它，以达到嘲讽他人的强烈的幽默讽刺效果。

请看一则阿凡提的故事“驴的朋友”：

有一个新上任的县官，听说阿凡提机智，很不服气，扬言要把他戏弄一番。

阿凡提知道了这件事，就主动骑着毛驴来到衙门，对县官说：“我来啦！”

县官看见他和毛驴一同进来，故意大声招呼说：“欢迎你们两位一同光临！”

阿凡提拍了拍驴背，毛驴昂头叫起来，又是踢蹶子，又是摇尾巴。阿凡提说：“我的这头蠢驴在家说，它的朋友当了县官，非叫我带它来见你不可！”

县官涨红着脸说：“那是你的驴，同我有什么相关？”

阿凡提对毛驴说：“我叫你不要来吧，你的朋友一当了县官，就不认你啦！”

乡亲们一起大笑起来。

在这则笑话里，县官和阿凡提都同时使用了拟人法，把毛驴人格化，然而阿凡提技高一筹，活灵活现地把他的毛驴说成是县官的朋友，达到了嘲讽县官的幽默效果。

我们知道，语言是人创造的，是人类的专利产品，因而人轻易不愿与动物享受同等语言待遇。但在某些时间，某些场合，不妨让动物说说人话，会别有一番情趣。不信，你试一试。

张冠李戴心照不宣

——位移真义法

一个人具有优良的素质，能在必要时发挥这种素质从而推动幸运的车轮转动，这就叫“潜能”。

人们总希望自己能言善辩，能够妙语连珠幽默诙谐地和周围的同事、朋友们交谈。或许，“位移真义”法这种幽默技巧能为你的谈吐增色。

“位移真义”法就是思想倾向的偏离，把心理重点移到另一主题上，而避开原来的主题。人们常用这样的词询问，如：怎么、怎么样，什么样等等。对于这类问题的回答，“位移真义”法往往会有意料不到的幽默和机智效果。

首先让我们从一则小幽默里品味一下“位移真义”法幽默技巧的妙处。

在一次军事考试的面试中，主考的军官问士兵：“一个漆黑的夜晚，你在外面执行任务，有人紧紧地抱住你的双臂，你该说什么？”

“亲爱的，请放开我。”报考者婉和地回答。

乍一看，我们也许会莫名其妙，可等你回过神来，恍然大悟时，一定会忍俊不禁的。“亲爱的，请放开我。”一般是情人间亲昵的用语，军官提问是想知道他的士兵怎样对付敌手，而年轻的士兵则理解或者说故意理解为恋人抱住他双臂时，他该说什么。把原心理重点“怎样对付抱住他双臂的敌手”，巧妙地移用另一个主题——“怎样对付抱住他双臂不放的情人”。这就是我们所说的“位移真义”法。

人们说的话，往往字面意义与说话人想表达的意义并不完全一致，我们暂且称它们为表义和真义。将人们说的话的真义弃之不顾，而取其表义，是“位移真义”法的根本技巧。

有个姑娘到杂志社编辑部对总编说：“我有个笑话要投稿，请你们在杂志上发表。”

总编看过稿子后，说：“小姐，可这笑话有些冷。”

姑娘马上说：“没关系的，你们就在夏天发表它吧。”

在这里，总编话的表义是幽默有点冷，而真义却是这幽默不适于发表。尽管姑娘对总编话的真义已很清楚，但她故意置之不顾，就话的表义，很机智地幽默了一番，这便是采用了“位移真义”法的幽默技巧的。

人们说话，都有一定的前提，但这些前提往往是大家公认的，只是被心照不宣地省略掉了。位移这些前提，需要敏锐的头脑和很强的逻辑推理能力。以“位移真义”法位移前提而成的幽默往往令人笑而难禁。请看下面的一个例子：

房客对房东说：“我没法再忍受下去了，这屋顶一刻不停地往我房间里漏水。”

房东反驳说：“你还想怎么样？就您那一点钱，难道还想漏香槟不成。”

这的确是个很精湛的幽默。房客话的意义是“不论漏的是什么都有碍于他”，但是房子的房东却故作懵懂不知，将它位移为“漏香槟比漏水要好，漏水次之”。

如果能辨明话的真义与表义，就可以应用这种“位移真义”法制作出许多幽默来。比如你请客时，朋友戏谑说你的酒是掺了水的，你不妨试着用此法幽默一番。

抑制怒气化解怒气

——化怒为趣法

不能生气的人是笨蛋，而不去生气的人才是聪明人。

“化怒为趣”法就是在特殊的情况下，抓住时机把愤怒转化为幽默。不管多激烈的言行，只要把它夸张到非常荒诞的程度，愤怒的情绪就能缓和，因为荒诞到极点就产生了虚幻性。

愤怒与幽默是完全不相容的。幽默是一种宽容大度的表现，幽默家的本领不是放任自己怒气冲天，而是抑制怒气，化解怒气。

愤怒则是直接针对所要攻击的对象，轻则怒目而视，悻悻不已，重则恶意谩骂，大动干戈。愤怒离幽默甚远，当情感紧紧被伤害对方的意向所控制，就很难从中解脱出来，不可能从另一方面去考虑对方的自尊或对方的愚昧作悲天悯人的退让，更不可能化怒为趣。

有一天,李老头在自家街口买了一条围巾往回走,碰到邻居的一位姑娘,她也买了一条,并高兴地对李老头说,她今天只花了三元钱,就买到了一条漂亮的围巾。

李老头一听,顿生怒火,转身去找那摆摊的小青年。

“喂,你刚才卖给姑娘才三元,而卖给我是六元,这是什么道理?”

“因为她是我的亲戚,老头子,你知道吗?”

李老头一听,二话不说,又拿了一条围巾就走。

小青年紧追上前:“你怎么不付钱就走?”

“因为咱们是亲戚,我是那姑娘的爸爸呀!”

“啊……”

小青年的话是想气李老头,不料李老头也同样攀亲。由于都是假亲戚,以假对假,就产生了一种荒诞,这样荒诞到极点上,可笑的特点就淹没了令人恼火的特点。

有一次,阿凡提与一书生外出赶考,住在一家客店。因忙于赶路,清晨两人就梳洗起来。可是店里只有一把梳子和一面镜子。书生嫌阿凡提脏,便有意戏弄道:

“梳子你先用左边,我后用右边。”

阿凡提一听很生气,瞅了瞅梳子,说道:“那这面镜子,你先用后面,我再用前面吧!”

在人际交往中,要使对方化怒为笑不是简单的事,并非只要你荒诞一下,对方的情绪就一百八十度地大转变了,这还得有其他的条件配合始成。

孙辉下班回家。

邻人怒气冲冲地对他说:“你的儿子用石子来投我们家的玻璃窗。”

孙辉说:“投中了吗?”

邻人说:“幸亏没有投中。”

孙辉说:“那不是我儿子,他是百发百中的。”

原来他的儿子并不在家,去姥姥那里了。有了这个条件,对于突如其来的攻击,自会临危不乱,充满了反击的信心。一旦对方明白,彼此就会从原来的愤怒心情中解脱出来,这比一本正经地辩解自然要有效得多。

说者不笑引人发笑

——不动声色法

一种情感给人的愉快有一半在于能够当场把它抒发出来。

毫无疑问,幽默感与可笑是联系在一起的,越是使人可笑,越有幽默的效果。但你要明白,发出笑声是听众的事,而不是你这个说出幽默语言的人的事。可以说,有一条这样的规律:在你发挥幽默时越是沉不住气,越在面部表现出惊奇,流露出笑容,就越减少幽默的效果。

中国著名相声演员姜昆有次来到南方一座城市演出,他决定在演出之前先到一家小吃店去吃点什么。

“您是初来本市吧?”一位男服务员问他。

“啊! 是的,这是一个很好的地方。”姜昆说。

“您来得很巧。”男服务员继续说,“姜昆今天晚上表演精彩相声,我想您一定是想去听听的喽?”

“是的,我当然要去。”姜昆说。

“您弄到位子了吗?”

“还没有。”

“票已经卖完了,您只好站着听了。”

“真讨厌!”姜昆叹口气说,“每当那个家伙说相声时,我必须老是站着。”

姜昆吃完就走了,出门时被一位女服务员认出来了。女服务员对那位男服务员说:“刚才那是姜昆!”

“啊!”那位男服务员顿时哈哈大笑起来。

后来这位男服务员不动声色地把刚才的事讲给其他同事听,大家一齐大笑起来。这个幽默后来在此城市无人不知,这家小吃店是无人不晓。当时,如果姜昆首先沉不住气,好出风头,承认了自己的身份,绝不会有此幽默趣事。

“不动声色”法为什么更能引起听众的笑声呢? 因为幽默的趣味既不是一种单纯的情感,也不是单纯的智慧。它是一种复合的东西,其中包含着荒诞与机智、同情与隔膜之间的对比或反差。一面讲,一面笑,减少了这种反差。本来很可笑,而发挥幽默的人却显得很笨拙、很迟钝的样子,无疑就增加了其中的反差,自然也就增加了幽默的效果。这个规律有相当广泛、相当普遍的适应性。

人们在日常社交场合为什么怎么努力也没有理想的幽默效果？往往是因为沉不住气，自以为是。很多人在看出对方的可笑、愚蠢时，或者感到自己受到不公正的评价时，不是自作聪明地笑起来，就是自以为是地发火，而这一笑、一火，幽默感就被破坏得无影无踪了。

超凡脱俗潇洒自如

——推理幽默法

人只有通过推理能力，即获得观念并加以比较的能力，才能识别什么是谬误的。

"推理幽默"法是借助片面的、偶然的因素，构成歪曲的推理。它主要是利用对方不稳定的前提或自己假定的前提，来推理引申出某种似是而非的结论和判断，它不是常理逻辑上的必然结果，而是走入歧途的带有偶然性和意外性的结果。

人们的言论或行为，一般情况下，不可能像科学推理那样严密、周全，都有其变幻性和动摇性。有幽默感的人，比较善于抓住这一点，推理变幻莫测的花样，去调侃对方或调侃自己。

因此，"推理幽默"法是很容易找到其幽默前提的，一个人只要思维自由，构思敏捷，就有应用自如的可能。

我国漫画大师张乐平先生笔下的三毛，有一则风趣幽默的故事,就属于推理幽默这一类。

一位阔太太牵着一条哈叭狗上街,见了三毛,想拿他开心取乐,就对三毛说:“只要你对我的狗喊一声爸,我就赏你一块大洋。”

三毛想了想,说:“喊一声给一块,喊十声呢?”

“给十块!”

三毛躬下身,摸着狗,一连喊了十声“爸!”阔太太笑一阵,真的给三毛十块钱。这时周围挤满了看热闹的人,三毛向阔太太点了点头,故意提高嗓音,拉长声音喊道:

“谢谢你,妈——!”

“推理幽默”法在你的社交生活中极有实用价值,它能让你在情况不断变幻的条件下,总可以找到有利于自己的理由,哪怕互相反对的理由,也都能为己所用。

清真寺要阿凡提讲话。阿凡提走上讲坛,对大家说:“我要跟你们讲什么,你们知道吗?”

“不,阿凡提,我们不知道。”大伙说。

“跟不知道的人说话,我要说什么的,还说什么呢?”

阿凡提说完,走下讲坛便离开了。

后来,阿凡提又被请到清真寺来。他站到讲坛上问:“喂,乡亲们!我要跟你们说什么,你们知道么?”学乖了的人们马上齐声回答:“知道!”

“你们知道了,我还说什么呢?”阿凡提又走了。

当阿凡提第三次登上讲台,又把上两次的问题重复一遍后,那些自作聪明的人一半高喊:“不知道!”另一半则喊“知道!”

他们满以为这下可难住阿凡提了,哪知道,阿凡提笑了笑说:“那么,让知道的那一半人讲给不知道的另一半人听好了!”说着扬长而去。

阿凡提的过人之处就在于他利用“知道”与“不知道”这两个不具体而虚幻的原因,从而推理出与大家希望完全相反的结果,以不变应万变,不管对方怎么变幻情况,理由也跟着变幻,而行为却一点不变。这就是“推理幽默”法使你在社交中能够超凡脱俗,潇洒自如的妙处。

互相映衬互相说明

——铺平垫稳法

机智捕捉的是闪念,判断力追求的是理解。

“铺平垫稳”法幽默技巧的功效是常理与反常歪理互相映衬,互相得到说明。它是展开一个歪理的过程,开头不太歪,越接近常理对方越是难以发现你的陷阱。好比地面置物,不平处须铺平,不稳处须垫稳。凡是可能引起对结局不信任处,都要不着痕迹地说明,让对方在不知不觉的过程中受骗,而且让他觉得受骗是一种享受。

“铺平垫稳”法表现为两点:第一,在开头不露马脚,因为马脚一露,概念和判断的陷阱就失去功效。第二,在结尾高潮,不引起困惑,困惑乃享受顿悟之大害。

有一个单口相声说一个怕老婆的醉汉，在回家的路上跌伤了屁股。因怕妻子惩罚，便蹑手蹑脚进屋，幸喜妻子已经入睡，就对着镜子在伤处贴橡皮膏，然后酣然入睡。但妻子第二天仍然发现他酗酒了，把他从床上揪了起来。原来他并没有把橡皮膏贴在屁股上，而是粘在了镜子上了。

高潮是橡皮膏贴在镜子上。造成这个结果的原因是害怕老婆的惩罚，而这样做的结果恰恰又使他未能摆脱老婆的惩罚，这其间的因果关系是颇有歪曲之趣的。但是，在通常情况下橡皮膏没贴在伤口而是贴在镜子上，这与常理的距离太遥远，可信度很差。幽默家懂得，对于引发一系列后果的事端，要尽可能接近常理，正因为这样，这个单口相声把故事的主人公设计为醉汉，如果不是醉汉，则不可能分不清镜子里的屁股和自己的屁股。又特别交待贴后窃窃自喜，安然入睡了，要不然又有发觉自己搞错了的可能。所以这一切，虽然说的是醉汉，但其行事特点却合乎常理。这是铺垫工夫。

有时铺垫工夫不在故事的开端，而在故事的结局。有一个单口相声说，一个装疯的醉汉躺在马路上，自行车来了不躲，三轮车来了不躲，汽车来了也不躲。这很有违反常理之趣。待到消防车来了，听众按照逻辑推演，认为他仍不会躲，可是他一反常态，突然爬起来，乖乖地躲开了，原因是消防车压死人不负责。故事到了高潮，不但没有更加违反常理，反而更加符合常理。消防车压死人不负责，不但成为他爬起来的充分理由，而且成为他在其他车子开来时不爬起来的充分理由。

要使你的谈吐有幽默之趣，说难也难，说容易也容易。难是因为很难打破科学认识逻辑的强大优势，说容易是因为只要你随便找到一个主观感觉作为客观现实的根据，明知其不科学、不全面、不可靠也不要紧，只要表达了你主观情趣就成。

嬉笑怒骂皆成文章

——匡正时弊法

主动的恶意是人性中最恶劣的特征，而且若想要世界变得更为幸福，它是最需改变的。

幽默还有一个特别的功能——讽刺丑恶现象。在古往今来的现实中，人们往往运用幽默的特殊形式和技巧，揭示、暴露或讽刺鞭笞社会上的种种弊端，这就是“匡正时弊”法。

古往今来，封建迷信坑了不少人。有一些对联以幽默诙谐的语言，进行讽喻、劝诫，读后令人捧腹！下面试举几联：

某座财神庙里有这样一对联：“只有几文钱，你也求，他也求，给谁是好？不做半点事，朝来拜，夕来拜，使人为难！”联语以财神的口吻嘲笑了那些坐等钱财的懒汉。

杭州万松岭下也有一座财神殿，庙宇破败，财神菩萨泥土剥落，但香客依然络绎不绝。于是有人在财神殿两侧撰写了一副妙趣横生的对联：“我若有灵，也不至灰土处处堆，筋骨块块落；汝休妄想，须知道勤俭般般有，懒惰件件无。”

即使在我国改革开放深入发展的形势下，由于旧社会遗留下来的种种弊端尚未根除，也产生了一些丑恶现象。因此，运用“匡正时弊”法的幽默技巧来揭露、鞭笞这些丑恶现象，仍显得十分必要。

如石河先生把某些名片称之为“明骗”：无声唱片，特种炮弹——谁想成名，它能包办；要挂多高的衔，就挂多高的衔；要当多大的官，就当多大的官；要发多肥的财，就发多肥的财；要露多红的脸，就露多红的脸。名片——明骗，小纸一张，威力无限。

杨翰端先生的“贬值谣”把大锅饭中的怪现象讽刺了个够：

年过四十算“青年”，短训三月算“大专”，工龄熬满算“教授”，照书抄录算“考卷”。领导拒贿算“新闻”，退出占房算“清廉”。质量低劣算“名优”，不骂顾客算“笑脸”。唱个小曲算“歌星”，拉笔赞助算“导演”，乱凑词语算“诗人”，挂个虚名算“主编”。两篇短文算“作家”，别人配音算“演员”，戴顶帽子算“著名”，出本庸书算“经典”。

……休道贬值处处有，难得糊涂闭只眼，你好我好他也好，最香还是大锅饭……

陈官煊先生的“修善疑”，在幽默风趣中给人以许多思考：

修学校——300 块；修寺庙——3000 块；修课桌——30 块；修坟墓——30000 块；死人一夜变富翁，活人反倒成乞丐。

人们对种种不合理的社会现象，为什么要用幽默的“匡正时弊”法加以讽刺鞭笞呢？主要是因为人们对此恨之已极，深恶痛绝，直接抨击或咒骂已难解心头之恨，于是“悲极生乐”，通过嬉笑怒骂、讽刺打油诗等形式来渲泄。

柔软曲说巧妙暗示

——暗示幽默法

世间不仅有一种受正道指挥的为善的习惯，而且在有些人，即在本性之中，也是有一种向善的心理趋向的，如同在另一方面是有一种天生的恶性一样。

何谓“暗示幽默”法？即对事物表达自己的看法，不是通过直说，而是通过种种可能进行曲说，并达到幽默效果的幽默技巧。

“暗示幽默”法广为人们所喜欢，其原因在于它在多方面对人们的面子进行了照顾。比如面子后面躲着自尊，如果有人在某些方面伤害了你，你用露骨的方法去刺他，不论他的面子后的自尊有没有教养，它都不允许自己被讽刺，那么仇恨、报复就由此产生了。如果运用“暗示幽默”法来解决，首先，照顾了他的面子，而柔软曲说的话语却达到了尖锐的实质。一方面他会知难而退，另一方面，他会因照顾了他的面子反而有钦佩和感激之情了。

有一对夫妇，丈夫做错了一件事，妻子不但不理解，反而更加唠叨得令人生厌。于是，丈夫火气十足地说：“请别这样唠唠叨叨了好不好，不然，我要在桌上痛打十巴掌了。”

“关我屁事，打呀，打。”想到肉痛的不是她自己，妻子反而火上加油。“但是”，丈夫道，“经过这十巴掌的锻炼，第十一巴掌打在肉上可就有功夫了。”

妻子戛然而止。大概她领会了丈夫内心的火气，不想让脸作为丈夫练功夫的沙袋吧。

在这个幽默里，丈夫打了十巴掌，第十一个巴掌打在什么地方，就是一种暗示。这个暗示包含了如下意思：我心里很火、很烦，需要理解和清静。现在我得不到这些，反而遭受另一种折磨，我有点忍无可忍了。为此，你最好住口，否则就别怪我不客气了。“功夫”一词，则承担了幽默的任务，这就是“暗示幽默”法。

有一对情人在恋爱中，一天晚饭后，他们一起出去散步，来到了青青的河滩上。看见有一头牛在默默地吃草，缓缓地移动。小伙子指着牛说：“看那条牛多好呀，悠然自得，乐不思返。”

姑娘微微一笑说：“那头牛好是好，但也有不尽如人意的地方。”

小伙子说：“怎样才能尽如人意？”

姑娘道：“要是这头牛吃了晚饭，把碗筷统统收进厨房洗了就尽如人意了。”

小伙子不好意思地笑了，显然是接受了姑娘这幽默的暗示，记起自己在未来的岳母家吃完饭便一丢碗筷的毛病，这可能会使岳母噘起嘴巴。

如果你知道一个同事在背后说了你的坏话，你可否这样对他说：“我妻子今天吃了大亏了。”

“怎么？”他必然会问。

"她在背后说了一个邻居的坏话,以为人家不知道,可是,'要想人不知,除非己莫为',结果,人家还是知道了,两个人演了一出'全武戏',我妻子亏就亏在她的上下门牙全是假的。"

一笑之余,那位同志准会面红耳热吧。

就字释义明知故错

——望文生义法

文字的不同排列便形成了不同的意义,而意义的不同排列便形成了不同的效果。

"望文生义"法即只按照字面去牵强附会,而不探求其确切的含义。"望文生义"法,即明知故错地只按照字面理解词义,得到与原解释截然不同的结果,使说话显得十分诙谐的幽默技巧。

十年动乱中,有位姓张的干部在"批判会"上被诬为"两面派",谁知老张淡淡一笑,答道:"刚才有人说我是'两面派',这使我十分奇怪!请看我的脸:皮肤是这样黑,颧骨是这样高,两颊是这样瘦,鼻梁是这样低,嘴唇却这样厚。双眼无神,两耳招风……"说着他指着自己的脸,风趣地说:"让革命群众一起评一评吧,如果我还有另一张脸,是什么'两面派'的话,我会用这张脸吗?"

一句俏皮话,引得听众哈哈大笑。诬陷老张的打手狼狈不堪,老张因而平安度过"批判"会。

老张这番话中,使用"望文生义"法,即从"两面派"的表面字义来理解,明知故错地把它解释成"有两张面孔的人",再郑重其事地"摆事实,讲道理",证明自己并没有两张面孔。由于这一点是众所周知的事实,老张却煞有其事地去论证,刻意费力,显得滑稽可笑,十分幽默。

有位同志主持会议,开宗明义地宣布:"今天的会议十分重要,研究全厂改革大计,故应明令禁止说普通话。"

听会者不禁愕然:普通话是宪法规定的必须大力推广的民族的共同语言,为什么要禁止呢?不说普通话,莫非要说方言或英语不成?

望着众人迷惑不解的目光,主持人这才缓缓解释说:"所谓普通话,就是指那种普普通通、平平庸庸、四平八稳、不痛不痒、没有独到见解、缺乏实际内容的套话、空话。这种话难道不应禁止吗?所以,我提议在今天的会上,大家一定要说切实有用的话!"

听到这里,众人才恍然大悟,全场大笑,鼓掌表示赞同。主持人巧用"望文生义"法,开场白极富幽默感,既点出会议的宗旨,又活跃了会场的气氛。

"望文生义"法是一种巧妙的幽默技巧。运用它,一要"望文",即故作刻板地就字释义;二要"生义",要使"望文"所生之"义"变异得与这个"文"通常的意义大相径庭,还要把"望文"而生的义,引向一个与原义风马牛不相及的另一个内容上,从而在强烈的不协调中形成幽默感。因为所有的幽默,从总体上说,都是来源于不协调。

幽默是美德和智慧的集中反映，又是知识和能力的综合表现。您要想变得富有幽默感，就得重视自我培养。

即兴发挥天衣无缝

——随机套用法

想要说话的渴望和热情，并非出自单纯的要学习或使用名称的欲望，而是标志着企图探知并征服一个客观世界的愿望。

“随机套用”法就是预先熟练地掌握一些与本人工作生活有关的幽默范例，然后加以灵活套用的幽默技巧，最好能根据自己所处的环境特点即兴加以发挥。

“随机套用”法是先有了幽默故事，然后再创造一个话头，使二者天衣无缝地结合。在这里，最重要的是提高自己套用这些范型和自由转换这些范型的能力，套用的唯一要求是天衣无缝。

张大千是我国现代著名的画家。他颏下留长须，讲话诙谐幽默。一天，他与友人共饮，座谈笑话，都是嘲弄长胡子的。张大千默默不语，等大家讲完，他清了清嗓门，态度安详地也说了一个关于胡子的故事：

三国时候，关羽的儿子关兴和张飞的儿子张苞随刘备率师讨伐吴国。他们两个为父报仇心切，都想争当先锋，这却使刘备左右为难。没办法，他只好出题说："你们比一比，各自说出自己父亲生前的功绩，谁父功大谁就当先锋。"

张苞一听，不假思索顺口说道："我父亲当年三战吕布，喝断坝桥，夜战马超，鞭打督邮，义释严颜。"

轮到关兴，他心里一急，加上口吃，半天才说了一句："我父五绺长髯……"就再也说不下去。

这时，关羽显圣，立在云端上，听了儿子这句话，气得凤眼圆睁，大声骂道："你这不孝之子，老子生前过五关斩六将之事你不讲，却在老子的胡子上做文章！"

在座的无不大笑。

张大千巧妙地套用了关于胡子的幽默故事，不仅使自己摆脱了众矢之的的困境，而且也反击了友人善意的嘲弄。这就是运用"随机套用"法的妙用。

掌握一些现成的幽默的语言、轶事、故事之后，不但要做到不为所制，而且更重要的是灵活地自由地套用它，来说明自己的观点，解决自己面临的困境。这时，要有一种大加发挥的气魄，切忌拘谨。而在发挥时，就不仅是套用，而是创造幽默了。

可见，只有到了可以大加发挥，而且发挥到很幽默的程度，才能说你的幽默感已经有了提高，你所掌握的幽默知识已经成为你生命的一部分，而幽默也已经开始渗透到你的心中。

无伤大雅皆大欢喜

——戏谑幽默法

就是在错误的认识本身中也常有某些真实存在。

“戏谑幽默”法,就是带有很强的攻击性,或表面攻击性强,其实无攻击性的幽默技巧。越是对亲近的人攻击性越强,对疏远的人攻击性就要越弱。简言之,就是开的玩笑是带有机智、哲理的玩笑,目的是增加你对对方的亲切感。

所以,“戏谑幽默”法在亲朋好友之间用得最多,对于陌生人,不管多么虚幻,都是很危险的,起码给他人以不礼貌之嫌。知心朋友,由于彼此了解,心里有承受能力,他知道你对他不会有什么实际伤害,在你攻击他时,他所欣赏的是你的机智和幽默,攻击的结果自然是无伤大雅,皆大欢喜。

抗日战争胜利后,著名国画大师张大千要从上海返回四川老家。行前,他的学生糜耕云设宴为大师饯行,梅兰芳等社会名流出席了这次宴会。

宴会一开始,张大千便首先向京剧大师梅兰芳敬酒,说:“梅先生,你是君子,我是小人,我先敬你一杯。”

梅兰芳不解其意,忙含笑问:“此作何解?”

大千先生笑着答道:“你是君子,动口(指唱);我是小人,动手（指画）。”

张大千先生的幽默引得宾客为之大笑。

张大千的敬酒词开始确实攻击性很强，一下子让人无法承受，也令梅兰芳不解其意。等到大千先生一解释，大家心里猛然放松，不禁为之一笑。这正是“戏谑幽默”法的成功之处。

中国有句名谚：“出门观天色，进门观脸色。”戏谑幽默法要注意切合时宜。在某些特定场合能发挥的戏谑幽默，在其他场合效果可能就差得多。特别是对不太了解或完全陌生的人，把握时宜更显得重要。

有一个人很有幽默感，而且擅长恭维。一天，他请了几位朋友到他家一聚，准备施展一下自己的专长。他临门恭候，等朋友接踵而至的时候，挨个儿问道：“你是怎么来的呀？”

第一位朋友说：“我是坐的士来的。”

“啊，华贵之至！”

第二位朋友听了，打趣道：“我是坐飞机来的！”

“啊，高超之至！”

第三位朋友眼珠一转：“我是坐火箭来的！”

“啊呀，勇敢之至！”

第四位朋友坦白地说：“我是骑自行车来的。”

“很好啊，朴素之至！”

第五位朋友羞怯地说：“我是用脚走来的。”

“太好了，走路可以锻炼身体，健康之至呀！”

第六位朋友故意出难题：“我是爬着来的！”

“哎呀，稳当之至！”

第七位朋友讥讽地说：“我是滚着来的！”

主人并不着急，说：“啊，真是周到之至啊！”

众人齐笑。

主人的戏谑幽默是纯自我保护性的，几乎无攻击性，既戏谑了朋友，又没有伤害朋友，表现了他触景生情、即兴诙谐的才智。

歪理歪推层层演进

——谬上加谬法

谬误，无论从哪一方面去观察它，永远只是人类不幸的泉源。

“谬上加谬”法是把一种荒谬极端化或者把荒谬性层层演进的幽默技巧。它要求幽默感的程度不断加大。这就要求幽默家把微妙的荒谬性扩大为显著的荒谬性，把潜在的荒谬性提高为摆在面前的荒谬性。

我国古代有个笑话，说是有个人非常吝啬，从来不请客，有一次别人问他仆人他什么时候请客，仆人说：“要我家主人请客，你非等来世。”主人在里面听到了，骂出声来：“谁要你许他日子。”

本来说“来世请客”已经由于来世的不存在而不可能了，已经是彻底否定了，说的人和听的人都很清楚，没有任何疑问。从传达思想来说这种极端已经足够了，但是从构成幽默效果来说，还不够，因为它太平淡了，不够极端，幽默感所要求的荒谬，得有点绝才成。

这里的主人绝就绝在明明来世请客是永远不请客的意思，否定的意思，他却认为不够。因为从形式上说来世请客，终究还是肯定的，还没有达到从内容到形式绝对否定的程度。在他看来哪怕是否定请客的可能性，只要在字面上有肯定的样子也都是不可容忍的。正是这种绝对的荒谬产生了幽默感。

有一个古罗马时期传下来的故事是这样的：有一个人想要安安静静地工作，就吩咐仆人说如有来访者就说他不在家。这时有一个朋友来了，远远看到他正在家中，虽然他不相信仆人所说的话，仍然回去了。这里没有什么极端化的成分，也没有什么可笑的地方。要让笑意不由自主地产生，就得往极端上推。

故事接下去这样说。

第二天，这个拒绝接客的人，去拜访他的朋友，他的朋友出来对他说："我不在家，我不在家！"

这已经够荒谬了，明明自己出来了，却说不在。但是还不够绝，因为这种荒谬还带着赌气的可能，纯赌气则不属于幽默之列，它与轻松的笑无缘（除非是故意假赌气）。客人表示大惑不解。他的朋友说；

"你这人太过分了，昨天，我都相信了你仆人的话；而今天，你居然连我亲口说的话也怀疑。"

这话真叫绝了。

强化幽默效果的方法除了把荒谬推到极端外，还可以将多种荒谬集中在一个焦点上，成为复合的荒谬。

"谬上加谬"法的特点是不管多种可能性的，它只管一路往荒谬的结果上推。歪理歪推才有强烈的幽默感。

真假并用相映成趣

——迂回取道法

傻瓜们自恃着聪明，免不了被聪明误了前程。

“迂回取道”法幽默技巧是真假并用，以曲折的、间接的，而且带着很大的假定性，把你的意见小作歪曲，使之变成耐人寻味的样子，通过歪曲形式来使对方领悟你真正的意思的一种幽默技巧。

请看下面一则对话：

作者：“先生，我这篇小说写得怎样？”

编辑：“写得太好了，完全可以发表。不过，有一个地方需要略微改动一下。”

作者：“真的吗，那么请你斧正吧？”

编辑：“只要将你的名字改成巴尔扎克就行了。”

本来如果要直说：“你这篇小说全文照抄巴尔扎克。”也许会简洁明了得多，但是太一本正经，太枯燥，太没有味道了。

一般人之所以缺乏幽默感，就是因为太习惯于直截了当的简洁明了的表达方式。而幽默则与直截了当不相容。所以要养成幽默感，就要学会迂回曲折的表达方式，明明看出抄袭却不能说出来，你得把它当成写得很棒。等他以为蒙混过去了，你才从某个侧面毫不含糊地点它一下,让他自己心里明白。

在这样做的过程中,你得时时刻刻与自己想直截了当地表现自己的洞察力的冲动作斗争。

你明明是聪明人,可你得装傻,只有你装了傻,才可能在下一步显得更聪明。你把傻相装得越认真越好。

编辑:“这首诗是你自己写的吗?”

作者:“是的,每一句都是我写的。”

编辑:“拜伦先生,我十分高兴地看到您,我以为您死了已经有一两百年了。”

装傻要装到底,把傻话当真话说,把真话当傻话说,两手并用,这时你才能不动声色地让对方的马脚一个一个地露出来。这里把对方当做拜伦已经是一个很大的马脚了,但还可能分量不足,再代他点出拜伦是一百多年前的人,让他感到无可逃遁。

在人际交往中,这种“迂回取道”法的幽默技巧,自然并不限于对付抄袭的作者,要学会傻话真说,真话傻说,正话反说,反话正说。切忌真话真说,假话假说,正话正说,反话反说。

幽默之妙在于真则假之,假则真之,正则反之,反则正之,真真假假,正正反反,相映成趣。

著名的法国幽默家特林斯坦·贝尔纳有一天去饭馆吃饭,他对厨师很不满意。付过账后,贝尔纳请侍者把经理叫来。经理来后,贝尔纳对他说:“请你拥抱我。”

经理奇怪地问:“为什么?”

“永别啦,您以后再也见不到我啦。”

如果贝尔纳付账后,立刻就说:“我再也不来了。”那还有什么趣呢?他的幽默才华恰恰在于明明要贬抑厨师的手艺,却装着一种高度赞扬的样子,让对手被迷惑以后,才给他迎头痛击。

“迂回取道”法的幽默技巧,要害在于先迷惑对手,然后给对方一个完全相反的解释。而这个解释要事先埋伏在迷惑对方的语言中,这种埋伏必须是有可能作正面和反面两种解释的。

化解矛盾相爱如初

——夫妻幽默法

一个情人的热情是可泣可歌,但是丈夫的热情被宣称是怕老婆。

“夫妻幽默”法,能使夫妻和睦,保持相互的吸引力,化解矛盾,相爱如初。

有一个男人向他的朋友道出了他婚后美满生活的秘密:“我的夫人对所有的小事做出决定”,他解释说:“而我,对所有的大事做出决定。我们互不干扰,从无怨言,从不争吵。”

“很有道理。”朋友赞同地说,“那么,你的夫人对什么样的事情做出决定呢?”

“她决定我应该申请什么样的工作,我们应该住在什么样的房子里,应该买什么样的家具,应该到哪里度假,以及诸如此类的事。”

朋友很奇怪:“那么哪些是由你作决定的大事呢?”

“噢”，这个男人回答，“我决定谁来当首相，我们是否应该增加对贫穷国家的援助，我们对原子弹应该采取什么样的态度，等等等等。”

无独有偶，波兰也有这么一则小幽默：

新郎：“亲爱的，让我们商量一下婚后的生活吧！在我们家里，你想当总理还是副总理？”

新娘：“噢，亲爱的，我可不敢当。不过我想我还是能够胜任一个较小的角色。”

新郎：“什么角色？”

新娘：“当财政部长。”

女人往往是家庭的统治者，即使她没有在事实上统治家庭，那也要在外表上看起来是这样的。聪明的丈夫们往往知道怎样运用“夫妻幽默”法，来满足她们的统治欲和虚荣心。

在家庭中，夫妻之间无话不说。如果夫妻二人长期讲话一本正经，会产生一种冷漠感，两人的心理都会受不了。所以，要积极寻找话题，幽默起来。请看下面一些夫妻对话：

丈夫对花钱大手大脚的妻子说：“你始终不明白钱的事情，你总是以为自己所买的东西全是打过对折的。”

妻子回答说：“所以我才愿意嫁给你，你的聪明才智也是打过对折的。”

一个妻子把饭烧焦了，丈夫对她说：“人家一样锅和米只能煮一样饭，可你能煮三样饭：上边硬、中间烂、锅底变火炭，还是你行！”

“夫妻幽默”法不仅会使你的婚姻生活充满新意，使你更有魅力，而且它对于化解夫妻之间的矛盾，也是非常有效的。

窘中求趣机智取胜

——无理而妙法

从智慧中引这三种德性:很好地思想,很好地说话,很好地行动。

“无理而妙”法是一种化窘境消极的现实为积极情致的幽默技巧。它是从另一个角度去看待产生窘境的原因,对产生窘境的原因作想象的、玄妙的甚至荒诞的解释。

幽默家兼钢琴家波奇,有一次在美国密歇根州的福林特城演奏,发现全场座位还没坐满五成。他不但失望,而且很窘。但是他没有为窘所拘,相反,他在窘中求趣,以幽默的语言打破了窘境。他走向舞台向听众说:“福林特城市一定很有钱。我看到你们每个人都买了两三张票。”

于是大厅里充满了笑声。

对于这位钢琴家来说,与其说是幽默的胜利,不如说是他荒诞地曲解失败的胜利。他的奇妙解释是进入了荒诞境界的结果。如果荒诞性不够或不奇妙,则幽默感也会相应地软弱。

传说有一个星期日,狄更斯到河边钓鱼,半天也钓不到一条,一个陌生人走过来和他攀谈。狄更斯诉说:“今天运气不佳,昨天在这里一下子钓到十五条鱼。”

陌生人说，这里是禁止钓鱼的，而他是负责看守的。他从口袋中掏出一个本子，要对狄更斯加以罚款。

狄更斯急中生智，说道：“你知道我是谁吗？我就是作家狄更斯。我刚才说的是一个虚构的故事，而虚构故事正是我们作家的职业。”

这件事荒诞色彩并不浓，看起来很合乎通常的推理规律，因而在这里机智超过了幽默感。

在通常情境中人的自尊心不受到任何威胁，心理并未失去平衡，纯调笑性的幽默往往比机智给人带来更大的精神享受。这种精神享受通常是以与在场人物的共享为特点的。而在人的安全面临威胁或尊严受到损害的严峻关头，纯调笑性的幽默就不能应付现实的危机了，切实可行的机智自然就更为迫切地需要了。

阿拉伯民间传说的机智幽默大师阿凡提，在极端的窘境中常以机智取胜。

一次，阿凡提想进一座锁了门的果园。他用梯子爬上果园的篱笆，又把梯子搬进果园，再沿着梯子下去。刚一下梯子就看见园丁在等着他。园丁问：

“你是谁？到此有何贵干？”

阿凡提说：“我是卖梯子的。”园丁说：“怎么跑到这里来卖梯子？”

阿凡提说：“老天爷，难道你不知道梯子是到处都可以卖的呀？”

机智的阿凡提摆脱了偷盗的嫌疑。

如果说窘境中的幽默可以无理而妙的话，那么窘境中的机智非得是有理而妙的不可。

跳出常理似是而非

——歪解幽默法

儿童的魅力好像音乐,它比我们演奏的音乐更有把握能够进入人心。

“歪解幽默”法就是以一种轻松、调侃的态度,随心所欲地对一个问题进行自由自在的解释,硬将两个毫不沾边的东西捏在一起,以造成一种不和谐、不合情理、出人意料的效果,在这种因果关系的错位和情感与逻辑的矛盾之中,产生幽默的技巧。

歪解就是歪曲、荒诞的解释。一本正经地从事实出发、从科学出发、从常理出发,那就找不到幽默。说咸鸭蛋是盐水煮的不是幽默,说咸鸭蛋是咸鸭子生的这才是幽默。

请看这样一则幽默:三位母亲自豪地谈起她们的孩子,第一位说:“我之所以相信我家小明能成为一名工程师,是因为不管我买给他什么玩具,他都把它们拆得七零八散。”

第二位说:“我为我的儿子感到骄傲。他将来一定会成为出色的律师,因为他现在总爱和别人吵架。”

第三位:“我儿子将来一定会成为一名医生,这是毫无疑问的,因为他现在体弱多病。俗话说‘久病成良医’。”

读到这儿,我们都会忍俊不禁。这种幽默的力量是从哪里来的呢？很显然，是从这三位母亲的滑稽的解释中得来的。如果说儿子能当上工程师是因为喜欢用积木搭桥盖房子；说儿子能当律师是因为喜欢法官的大盖帽；说儿子能当医生是因为他常玩给布娃娃打针的游戏，那就没有多少幽默可言了。这种解释是从生活的常理中来的，人们听来毫不觉得意外，所以并不可笑。

而这里的三位母亲却都逃出了这些常理的框框，给这些问题找到了一个似是而非、牛头不对马嘴的解释，结果和原因之间显得那样不相称，那样荒谬，两者之间造成了巨大反差，于是，形成了幽默感。这就是“歪解幽默”法的奥秘所在。

“歪解幽默”法最常用于自嘲。

有一次某人在宴席上问鲁迅：“先生，你为何鼻子塌？”

鲁迅笑答：“碰壁碰的。”

这个回答里面，既有对社会现实的不满，又有对自己生活坎坷经历的嘲讽，这样丰富的具有社会意义的内容与“塌鼻梁”这样一个具有丑的因素自然生理特征结合在一起，便产生了无法言喻的幽默感。

有人问一个作家：“你为什么能写那么长的长篇小说？”

作家答道：“因为我有失眠症，晚上只好做点文字游戏来解闷。”

“歪解幽默”法作为一种幽默技巧，其实并不神秘，也不深奥，只要是出于表达情感的需要，只要是不那么死心眼地有一说一，有二说二，那么，在日常交际中，谁都可以用它幽上一默。

比如，有人问你：“你怎么越来越年轻了，用的什么美容霜？”你可以说：“我用的是不花钱的‘哈哈霜’。笑一笑，十年少嘛。”“你怎么变得这么老？又黑又瘦？”“干我们这行的都是‘老鼠’，就会‘咬文嚼字’，吸收的全是墨汁，能不又黑又瘦吗？”这样的幽默，我们不是一样可以制造出来吗？

俗话说得好，“理儿不歪，笑话不来”。

旧瓶新酒芬芳醉人

——模拟幽默法

（艺术）不是对实在的摹仿，而是对实在的发现。

“模拟幽默”法就是把大家熟悉的原本的语言情境，移置新义，与原义形成对照，从而产生不协调之趣，造成幽默感。

运用“模拟幽默”法要把握好这样三个字：名、热、新。

名，就是你所模仿的应当是知名度高的名篇、名言、名句，或大家熟悉的成语、台词、俗话等。

热，就是你要表达的内容应与时代合拍，最好是人们关心思考或者有争议的热门话题，这样就能很快引起人们联想，产生共鸣。

新，就是观点新。这是模拟幽默法的灵魂。也就是说，旧瓶装新酒还不够，还必须装上新的气息，以造成幽默的醉人气氛。

“模拟幽默”法的技巧有顺拟法、反拟法、别拟法、拟人法等。模拟的要诀在于出人意料地把毫不相干的事扯在一起，内容越是风马牛不相及越好,距离越大越能引起惊讶;在形式上则越是接近,越有幽默的效应。

顺拟法是顺着旧格式拟出新的内容。由于这种手法多用于触景生情而即兴创作,所以,常能迸出新的寓意和偶发词。

古典小说《红楼梦》问世以来,不知多少人模拟里面的《好了歌》抨击时弊。前些年有这么一首:

世人都晓"倒爷"好,倒来倒去都"发了!"只要能把大钱赚,道德良心不要了。

世人都晓"后门"好,这条路子"没治了!"不管闲事有多难,最后全都办成了。

世人都晓"宴会"好,"四菜一汤"吃肥了!你请我来我请你,反正公家报销了。

世人都晓"扯皮"好,不费力气不要恼!扯上三年与五载,问题自然不见了。

世上都晓"官僚"好,这顶帽子妙极了!出了问题别害怕,戴上帽子事没了。

诸如此类套用旧格式填上新内容的模拟法,很像填词,只要你是有感而发,就不会为填新词而发愁了。

反拟法就是把我们日常生活的习惯用语,偶尔反用其意,造成新奇的幽默感。比较而言,反拟比顺拟更能留下深刻的印象,这是反差造成的效果。

有一位领导,在大会上做报告。为了同腐败现象斗争到底,他坚决地说:

"谁说我们总是杀鸡给猴看?我们还要杀猴给鸡看!"

反腐败关系到我们党和国家的生死存亡,"杀猴给鸡看"这个反拟的幽默在这场斗争中，不是扮演了一个恰如其分的角色吗？

反拟法看起来简单，只是要将现成话反过来说，但是必须说到点子上，才有幽默感。只要你懂得点到为止的道理，强扭的瓜也甜。

别拟法就是要拟出幽默的别解来，这也是我们经常有意识无意识地运用。比如，我们把那些为儿子去安排锦锈前程的父亲叫做"孝子"，这已不是封建礼教所指的"孝子贤孙"了，而是孝顺自己儿子的"孝子"了。

别拟法要拟得自然贴切，切忌生搬硬套，应当追求一种天然的妙趣，人为的痕迹越少越好。

我们为什么要通过模拟的方法，使幽默感在模拟中拟新呢？一方面是顺应人们喜新厌旧的心理，另一方面也不忽视人们喜新恋旧的心理，将这两种心理移植在一起，也就产生了模拟的幽默法。

我们说好作品百读不厌，这是夸张。不管什么人，只要口头禅一多，就会缺少幽默感，这时，一个最经济的办法，就是运用"模拟幽默"法来推陈出新。

埋下伏笔一语点破

——设置悬念法

对美的事物作似是而非的赞颂，这无异于侮辱。

“设置悬念”法，是幽默的一个重要技巧。相声演员管它叫“设包袱”。即以热切的语调、真实的细节和充满戏剧性的情节引出你的幽默力量，在关键的那句话说出之前，埋下伏笔，预作暗示，让听众“着了你的道”。然后，用关键的话一语点破，或叫解开“扣子”，抖开“包袱”，让听者有出乎意料的感觉，于是，幽默的效果就发挥出来了。

请看这样一则幽默，是怎样应用“设置悬念”法的幽默技巧的：

女儿：“爸爸，我们话剧团的一个女演员爱上一个掏粪工人。”

爸爸：“这是条好新闻，我马上去采访。”

女儿：“你们记者就爱大惊小怪的，连姑娘爱上小伙子也值得采访？”

爸爸：“目前，‘门当户对’的旧思想还有市场，像这样敢于冲破旧的传统习惯势力的好姑娘，应该好好报道，表扬一下。”

女儿：“这个女演员就是我。”

爸爸:“怎么是你,谁同意你这样做的?”

这则笑话讽刺了那位表面上反对“门当户对”旧观念而实际上满脑子“门当户对”旧观念的爸爸。从中也可看出,女儿用“设置悬念”法埋下伏笔,先不说是自己,让爸爸“着了道”,制造了悬念,到头来,一语道破是自己,产生了幽默的效果。

运用“设置悬念”法幽默技巧时,有两个问题需要注意:

1. 不要故弄玄虚,让人不着边际。设置悬念要巧妙,顺理成章,从而达到幽默的效果。否则,“斧凿”的痕迹太重了,给人以故弄玄虚之感,就不仅不显得幽默,反而使人反感。所以,设置的悬念要扣紧主题,精心设计,恰到好处。

2. 不要急于求成。如果你迫不及待要把妙语趣事说出来,太急于要引起听众发笑,过早地让人知道有趣的“谜底”,就会显得操之过急,太早泄露“天机”和惊奇,由于铺垫不够,火候不成熟,结果也就失去幽默感。

所以,应娓娓而谈,不疾不徐,使听众对结果有错误的预期,有一个缓冲思考的时间,然后再一语道破。但是也不能太慢,太慢会使听众忘了他所期待和预期的是什么了。再看以下几则幽默,就是以不同方式埋下伏笔、设置悬念的:

邮递员送来一份电报,小芬芬用筷子夹着,小心地走进屋里,说:“爸爸,你的电报。”爸爸见了,奇怪地问:“你为什么用筷子夹着?”

小芬芬说:“我怕触电啊!”

在这则幽默里,小芬芬用筷子夹电报就是埋下伏笔,设置悬念。最后小芬芬说“我怕触电”,就是一语解开了“扣子”。

《语言大师》这则幽默,也有这种妙谛:

甲:“上帝是一位精通各国语言的大师。”

乙:“何以见得?”

甲:“你不见各国人都在用不同的语言向他祈祷吗?”

佯顺敌意将计就计

——假戏真做法

我们遇事也不要一成不变,随机应变往往可以躲过大风险。

“假戏真做”法是把自己真实的感情隐藏起来,把虚情假意表达得十分真切,从而产生幽默的一种技巧。

林肯总统为了打发一位不速之客,演过一出假戏真做的小品。

一天,林肯总统身体不适,不想接见前来白宫唠唠叨叨要求一官半职的人。

但这个令人讨厌的家伙赖在林肯身旁,准备坐下来长谈。林肯非常厌烦,只是出于礼貌不想直接把他赶走。

这时,正好总统的医生走进房里。林肯急忙向他伸出双手,问道:“医生,我手上的斑点到底是些什么东西?”

“那是假天花,就是轻度的天花。”医生说。

“我全身都有。”林肯说,“我看它是会传染的,对吗?”

那位来客听了这番话，马上站了起来，大声说道："好吧，我现在不便多留了，林肯先生。我没有什么事，只是来探望你的。"

"呀，不必这么急急忙忙嘛，先生。"林肯轻快地说。

"谢谢你，先生，我下次再来看你。"说罢他朝门外头也不回地走了。

林肯先生的假戏真做，还有赖于总统医生的配合协助。他的"假天花"，吓走了不速之客，足见他善于急中生智，并显示出名人的幽默感。

"假戏真做"法就是将计就计，在对方的圈套外再设一圈套，接着演戏要顺敌意，诱使对方上钩，这样才能以谬制谬，以恶还恶。

明初年间，某地有一知府姓曹，自称是三国曹操的后代。一日曹知府在看戏，正逢演《捉放曹》。扮演者姓赵名生，演技高超，把曹操的奸诈、阴险表演得淋漓尽致。曹知府见到自己的祖先被侮辱，不禁大怒，当即派公差捉赵生进府，要治他的罪。

公差去抓赵生时，赵生不知其故，公差以实情相告。赵生知道后，微微一笑，胸有成竹地进了县府。

曹知府见赵生昂然而来，拍案喝道："大胆刁民，见本府为何不跪！"

赵生瞪眼反问："大胆府官，既知曹丞相莅临，为何不下拜作揖？"

曹知府气得脸色发青："你，你，谁认你是丞相？你是唱戏假扮的。"

赵生冷笑一声："哼！大人既然知道我是假扮者，为什么还要派人将我抓来治罪呢？"

曹知府张口结舌,无话以答,只得将赵生放了。

假戏要真做。戏是假的,但反击是真的。因此,不但要演得像,诱使对方上当,而且要演得真,更要演得好,才有好的效果。

假戏真做,演的是假戏,但如果演得不真、不像、不好,那么就失去幽默的效果了。

先纵后擒纵擒合一

——欲擒故纵法

> 一个深奥的哲学家在他虚玄的推理中很容易陷入错误,而且他如果一直推下去……则一个错误就会生出另一个错误来。

"欲擒故纵"法,即先假定对方的观点是对的,然后合乎逻辑地推出荒唐可笑的结论,是引伸归谬,设真推假。

"欲擒故纵"法幽默技巧在不便直说或不愿明说的场合下都可使用,关键就在于处理好"纵"与"擒"的关系。它的诀窍是:明看是放,顺着对方的意思说话行事;暗中却是收,迫使对方就范。

"纵"的语言形式要设计得巧妙,要达到表面上看起来是纵,实质上却蕴含着擒的内容。既可以先纵后擒,也可以纵中有擒,纵擒合一。

日本大银行不允许职员留长发,因为留长发会给顾客留下颓废和散漫的印象,有损银行的形象。

有一次,一家银行的经理和人事部主任接见一批经过笔试合格的考生,发现其中有不少留长发的男子。为了能使这些留长发的考生都留短发,人事部主任在致词时,没有正面提出要求,而是充分运用了他杰出的口才和幽默感,只说了几句话,便使留长发的考生愉快地接受了他的意见。

他是怎么说的呢?

人事部主任留着陆军式的发型,他说:"诸位,敝行对于头发的长短问题,历来持豁达的态度,诸位的头发长度只要在我和经理先生的头发长度之间就可以了。"

众人立即把目光投向经理,只见经理先生面带笑容站起来,徐徐脱帽——露出了一个光头。人事部主任使用的就是欲擒故纵法。他的本意是要求考生们都留短发的,但他却不直接说出来,而是故意显出一种豁达的态度,似乎他们的要求并不高。

表面上看来,银行对于头发长短问题历来持"豁达的态度",好像是"纵",实际上"诸位的头发长度只要在我和经理先生的头发长度之间就可以了",却是"擒"。他是用不同的语词表达了同一个概念。

逻辑学常识告诉我们,有时同一个语词却可以表达不同的概念。人事部主任所说的,表达的显然是同一个概念,它们都具有完全相同的含义。

这种"欲擒故纵"法幽默技巧很有效力,一是增加了幽默感,从而使自己的要求更易于为对方所接受。因为心理学理论告诉我们,同一要求,采用不同的方式表达,其客观效果是不一样的。二是先放后收,使对方难以讨价还价,只得照办。

以牙还牙以眼还眼

——反还幽默法

在人那里，判断力是主要的力量，是真理和道德的共同源泉。

“反还幽默”法就是按照对方的逻辑去理解或推论，由此及彼，使其搬起石头砸自己的脚，自食其果。

“反还幽默”法，要善于抓住对方一句话、一个比喻、一个结论，然后把它接过来去针对对方，把对方给自己的荒谬的语言或行为、不愿接受的结论，用演绎的逻辑还给对方，即以其人之道还治其人之身。

餐馆里一位顾客叫住老板：“老板，这盘牛肉简直没法吃！”

老板：“这关我什么事？你应该到公牛那里去抱怨。”

顾客：“是呀，所以我才叫住了你。”

顾客按照老板的荒谬逻辑，推论出老板即是“公牛”，让对方哭笑不得，自食其果。

这位顾客所用的幽默技巧就是“反还幽默”法。

“反还幽默”法一般是对方攻击有多少分量，就以同等的分量还击。软对软，硬对硬，不随意加码，加码过重会影响幽默情趣。

一个城里人和一个乡下人一同坐火车。

城里人说:“咱们打赌吧!谁问一样东西,对方不知道,就付一块钱。”

乡下人说:“你们城市人比我们乡下人聪明,这样赌我要吃亏的。要是我问,你不知道,你输给我一块钱;你问,我不知道,输给你半块钱。你看怎么样?”

城里人自恃见识广,吃不了亏,答应了。

乡下人问道:“什么东西三条腿在天上飞?”

城市人答不上来,输了一块钱。之后,他向乡下人也提出了这个问题。

“我也不知道。”乡下人老实承认,“这半块钱给你。”

同样一个问题,同样都答不上来,结果却不一样。城里人是聪明反被聪明误,被乡下人的“我也不知道”砸了自己的脚,最后还是输了半块钱,叫苦不迭,又无可奈何。

一般说来,幽默贵在收敛攻击的锋芒,但在特殊情况下,就不然了。特别是在极其卑劣的事和人面前,或者外来的横逆忍无可忍之时,如果你过分轻松地调笑,不但显得软弱无能,更缺乏正义感;而且会导致对方更嚣张地进攻。因此,还击锋芒不但不可钝化,而且应该锐化。越是锐化,越是淋漓尽致,越有现场效果。而现场效果最强的幽默技巧,就是“反还幽默”法。

周恩来同志博古通今,文思敏捷,用语幽默,在世界外交史上有“铁嘴”外交家之誉。

早在取得全国政权之前,在国共两党南京谈判时,有一次谈判中,没几个回合,周恩来就把对方的谬论驳斥得体无完肤了。

对方谈判代表恼羞成怒,竟破口大骂,声嘶力竭地叫嚷什么同共产党论战是“对牛弹琴”。

周恩来听后淡淡一笑,随即慢条斯理地说道:“对,牛弹琴!”

一个断句的妙用,强有力地维护了我们党的尊严,并且达到以其人之道反治其人之身的艺术效果。

拐弯抹角曲折暗示

——曲说隐衷法

人们通常总是被自己亲身所发现的道理说服,更甚于被别人精神里所想到的道理说服。

“曲说隐衷”法的幽默技巧,就是拐弯抹角、曲折暗示地陈说,从而达到表述隐衷的目的。在通常情况下,幽默与直截了当地表述隐衷无缘,直抒胸臆是抒情的效果,而不是幽默的效果。

一般来说,幽默都以间接暗示,诱使对方顿悟为上,如有隐衷,拐弯倒比一吐无余聪明。

社交场中有许多冲突,由于某些利害关系,对朋友所作的当场的批评,也自然以暗示为主,最好是以荒诞不经的方式启示他顿悟。当你觉得对什么不可改变的事情不满意,从而感到困窘,这时如果你直接把它表达出来,这并不能显示你有什么过人之处。如果你能用曲折暗示的方法,说明你对困窘似乎采取无所谓的态度,那你就是一个有幽默感的人。

朋友请客吃饭是常事,也是乐事。但对不知趣的不速之客的光临,无心计的主人会直接批评。如果采用“曲说隐衷”法,可以避免可能引起的尴尬,减少人际磨擦。

有一个爱占小便宜的人,常在别人家白吃白喝,吃了上顿等下顿,住了两天又两天。一次,他在一个朋友家吃了三天后,问主人:“今天弄什么好吃的呀?”

主人想了想,说:“今天弄麻雀肉吃吧!”

“哪来的那么多麻雀肉呢?”

主人说:“先撒些稻谷在晒场上,趁麻雀来吃时,就用牛拉上石一碾,不就得了吗?”

这个爱占便宜的人连连摇手说:“这个办法不行,这不等石碾过去,麻雀早就飞跑了。”

主人一语双关地说:“麻雀是占便宜占惯了的,只要有了好吃的,怎么碾(撵)也碾(撵)不走。”

主人的曲折暗示,不知这位爱占便宜的人领会了没有。如果听懂了再不走,主人又该用什么方法呢?

有时要表达一种愿望,这种愿望并无难言之处,但仍然以曲折暗示为趣。

有个酒鬼,贪恋杯中之物,酒醉之后常常误了大事。妻子多次劝他,他怎么也听不进去。一天,他的儿子对他说了几句话,却使他心灵受到极大的震动,以后就再也不喝酒了。

原来,他的儿子说:“爸爸,我送给你一个指南针。”

“孩子,你留着玩吧,我用不着它。”

“你从酒吧间出来时,不是常常迷路吗?”

在这个故事中,儿子用的就是“曲说隐衷”法。儿子对父亲老是喝醉酒，深为不满，但作为晚辈，又不便直接对父亲的行为提出批评，于是便以这种委婉的方式向父亲提出劝诫。这种劝诫幽默诙谐，它的效果也是显而易见的。

含而不露耐人寻味

——含蓄表达法

听任何人说话，从他言语的贫乏或是华美上面，立刻就可以知道他过去是否充分地生活过。

说话含蓄，是一种艺术，同时也是幽默的一大技巧。常言说，“言已尽而意无穷，含意尽在不言中”。“含蓄表达”法，是把重要的、该说的部分故意隐藏起来，却又能让人家明白自己的意思，而且把幽默寓于其中。

“含蓄表达”法这种幽默技巧，有一定难度，它要求有较高水平的说话艺术和高雅的幽默感。它体现了说话者驾驭语言的能力和含蓄表达幽默的技巧，同时，也表现了对听众理解力的信任。如果说话者不相信听众丰富的想象力，把所有的意思和盘托出，这样不但起不到幽默的作用，而且平淡无味，言语逊色，使人厌倦。因此，有的话不必直说，甚至把本来可以直说的话，故意用“含蓄表达”法表达，从而产生一种耐人寻味的幽默效果。

有这样一个例子能体现“含蓄表达”法的幽默的艺术：

有一个酒店老板，脾气非常暴躁。一天，有位客人来喝酒。客人刚喝了一口，嘴里便叫："好酸，好酸！"

酒店老板大怒，不由分说，把客人绑起来，吊在房上。这时来了另一位顾客，问老板为什么吊人。老板回答："我店的酒香醇甜美，这家伙硬说是酸的，你说该不该吊？"

来客说："可不可让我尝尝？"老板殷勤地给他端来一杯酒。客人呷了一口。酸得皱眉眯眼，对老板说："你放下这个人，把我吊起来吧！"

后一个顾客显然机智地用含蓄表达法，幽默地表达了酒酸，使老板明白了酒的确是酸的。

下面看看"含蓄表达"和"锋芒毕露"对比的例子：

有一家理发店，门前贴着一副对联："磨刀以待，问天下头颅几许；及锋而试，看老人手段如何！"这副直来直去的对联，磨刀霍霍锋芒毕露，令人胆寒，吓跑了不少顾客，自然门可罗雀。

而另一家理发店的对联则含蓄幽默："相逢尽是弹冠客，此去应无搔首人。"上联取"弹冠相庆"的典故，含有准备做官之意，又正合理发人进门脱帽弹冠之情形；下联意即人人中意，心情舒畅。两家理发店相比，效果自然不言而喻。

"含蓄表达"法的幽默的技巧，有时是人们用故意游移其词的手法，既不违背语言规范，又给人以风趣幽默之感。如有的演员自嘲自己长相差，便说自己"长得困难"，"对不住观众"。营业员遇到顾客买了商品未付款而准备离开时，问一句："我补给你款了吗？"——大多数顾客会马上回答："哦，我还没付款呢！"而说一个人"贪睡"为"对床铺利用率高"等等。

正语反说反语正说

——反语幽默法

不可以那样跟人开玩笑，弄到自己倒成了笑柄。

“反语幽默”法就是用相反的词语表达本意，使反语和本意之间形成交叉。

“反语幽默”法的技巧在于以反语语义的相互对立为前提，依靠具体语言环境的正反两种语义的联系，把相对立的双重意义以辅助性手段如语言符号和语调等衬出，对方由字面的含义悟及其反面的本意，从而发出会心的微笑。

“反语幽默”法是造成含蓄和耐人寻味的幽默意境的重要语言手段之一。简言之，就是故意说反语，或正语反说，或反语正说。

实际上人们常爱说反语。如到朋友家参加聚会，你发现朋友的夫人越来越胖了。你如有幽默感的话，一定会说：“啊，你怎么越来越苗条了。”对方会嗔怪地笑起来。“反语幽默”法一般有一定的攻击性。如果有针对性，要注意分寸，要看对方与你的关系是否经得住刺激。此外还得考虑场合和其他条件。有时同样一句话在一种场合下可以讲，在另一种场合下就不能讲，对同样一个人在他心平气和时能讲的，在他心境很差时就不能讲。

准确地把握对方的心境和环境的性质,同时把握自己说话的分寸,是有幽默感的人的重要修养。如果在这一点上粗心大意,那就不但幽默不起来,而且可能冒犯了对方的自尊心,弄僵关系。

可见,“反语幽默”法在幽默对象面前,一定要考虑其复杂性。

某香烟公司推销员站在市场上大喊大叫:“新牌香烟,芳香可口,防虫牙,除百病……”

围着看热闹的人群将信将疑。

突然,从人群中钻出一个老头儿,他帮着推销员说:“其他好处我来补充:新牌香烟还可使小偷不敢进屋,狗不敢咬,抽烟的人永不衰老……”

推销员听了大喜,连连向老头致意,并希望他再向听众们解释解释。

老头说:“很简单,抽烟的人整夜咳嗽,小偷岂敢进屋?抽烟的人身体虚弱,走路时拄着拐杖,狗敢咬吗?抽烟的人易得肺癌,能活到老?”

老头的话是反语,他补充的一大堆所谓“好处”,实质上是抽烟的一大堆坏处,幽默感便从中而生,既驳斥了推销员的谬论,又教育了围观的群众,其效果不言而喻。

这就是反语幽默法的魅力所在。

自我调侃讽喻他人

——反向求因法

我们要自己寻找快乐,创造快乐。这也是聪明的人、会生活的人的一种能力。

“反向求因”法就是要求在推理过程中善于钻空子,特别是往反面去钻空子,把极其微小的巧合的可能性当做立论的出发点。

在生活中有某种常态,在思维中有某种常理,人们的联想都被这种习惯了的常态和常理反复训练达到自觉的程度,以致一个结果出来,便会自动地联想到通常的原因。

“反向求因”法的特点,就是把一个极其微小的可能性当成现实,尽管并不能最后取消对方提出的另一种更大的可能性。

一位叫约翰的病人问医生:“我能活到九十岁吗?”医生检查了约翰的身体后,问道:“你今年多大啦?”

病人说:“四十岁。”

“你有什么嗜好吗? 比如说,喜欢饮酒、吸烟、赌钱、女人,或者其他的嗜好?”

“我很恨吸烟、喝酒,更讨厌女人。”

“天哪,那你还要活九十岁干什么?”

本来读者的期待是戒绝烟酒女人能得到肯定的评价，其结果则不但相反，而且把这一切当成了生命的全部意义。否定这一切，就否定了活到九十岁的价值，那就是这一切的价值高出于长命的价值。

有一次，萧伯纳收到英国著名女舞蹈家邓肯一封热情洋溢的信。

信中说，如果他俩结合，生个孩子，那对后代将是好事，“孩子有你那样的脑袋和我这样的身体，那将会多美妙啊！”

在回信中，萧伯纳表示受宠若惊，但他不能接受这样的好意。他说：

“那个孩子的运气可能不那么好。如果他有我这样的身体和你那样的脑袋，那可就糟透了。”

萧伯纳用的方法就是“反向求因”法。他是向反面钻空子，把哪怕是极其微小的可能性当成立论的出发点，构成对方期待的落空。在这里，萧伯纳的幽默的特点是把自我调侃（长得不好看）和讽喻他人（脑袋不聪明）巧妙地结合在一起了。

指白说黑名不副实

——指鹿为马法

娱乐是以不干预实际生活的方式释放情感的一种方法。

“指鹿为马”法幽默技巧就是用双方心照不宣的名不副实，把白的说成黑的，从而产生反差，传达另外一层真正要表示的意思，达到幽默交流的目的。

人们之所以能心照不宣，原因是语言表层含义的不同。从字面上看，你是指鹿为马，指白说黑。从深层意思上说你传达了另外一层意思，这层意思虽不明言，但已了然于心，而其了然的程度比明白讲出来更深，更能表现出幽默感。

杀猪的和卖茶的打赌。

杀猪的说：“用铁锤锤蛋锤不破。”

卖茶的说：“锤得破！”

杀猪的说：“锤不破！”

卖茶的不服气，拿来一个鸡蛋，用锤使劲打下去，鸡蛋碎了。说：“这不是破了吗？”

杀猪的说：“蛋是破了，可我说的是锤不破啊！”

这里杀猪的用的就是“指鹿为马”法。因为卖茶的明明说锤得破的是鸡蛋,杀猪的偏偏抬杠说锤不破,指的是铁锤,致使卖茶的上当。

再看一个广泛流传的现代幽默:

某厂,有两个工人在评价他们的厂长。

“厂长看戏怎么总是坐在前排?”

“那叫带领群众。”

“可看电影他怎么又坐中间了?”

“那叫深入群众。”

“来了客人,餐桌上为啥总有我们厂长?”

“那是代表群众。”

“可他天天坐在办公室里,车间里从不见他的身影,又怎么讲?”

“傻瓜,这都不懂,那是相信群众嘛!”

谁都明白这两位工人在心照不宣地指鹿为马,指白说黑地讽刺他们厂长的工作作风。虽然显得名实不符,却有很强的幽默感。

这是为什么呢?

因为幽默感并不是一种客观的科学的认识,而是一种情感交流。情感是主观的,不是客观的,情感与科学的理性是矛盾的。科学的生命在于实事求是,而情感则不然,实事求是必然消灭情感。

幽默的生命常常在名不副实的判断中产生。

舒展情绪吸引听众

——紧扣人心法

虚度一世的人决不会快乐：先是心中痛苦，而痛苦就会叫人变得恶毒。

演讲或与人交谈，只有紧紧地抓住了人心，幽默感才能传递给对方。有了幽默感，才能使演讲抓住人心。从这个意义上讲，“紧扣人心”法也是一种幽默的技巧。

使用“紧扣人心”法这种幽默技巧时要注意，幽默的题材要与演讲相联系，否则，为了抓住听众的注意力而随意插入风马牛不相及的幽默，那么听众的注意力很可能随着笑声的起落而移开。如果幽默与当时的话题有关，使它成为你信息的一部分，那么幽默的技巧也就体现出来了。

如果你演讲的主题是和沟通有关，那么，下面一则外国幽默故事，可用来强化你要表达的信息。

葛力半夜打电话给医生：“请你赶快来！我的太太病得很严重，我猜想她得的是盲肠炎。”

“葛力，你昏了头吧！”医生回答：“六七年前我亲自为你太太割掉盲肠的。你可听说过一个女人有第二个盲肠的？”

“没听过。”葛力说，“但是难道你没听过一个男人有第二个太太吗?”

如果你在台上做政治演讲,不论发表政见或是其他选举活动,也可以使幽默力量成为你发表的信息的一部分。下面有两则幽默故事可以运用。

政客在大选之后对妻子说:“恭喜我吧,我当选为议员了。”

“你不是骗人吧?”

“不,亲爱的,现在已经用不着骗人啰!”

三个年轻人从水里救起一个政客。他很感激他们,问他们需要他帮什么忙以报答救命之恩。

第一个年轻人说:“我希望进入西点军校,但是我的成绩不理想。”

政客说:“没问题,你进了。”

第二个年轻人说:“我申请入安那波利大学被拒绝了。”

政客又说:“不用担心,你进了。”

第三个年轻人说:“我希望到国家公墓。”

政客不解地问:“公墓?为什么?”

第三个年轻人回答说:“如果我父亲知道我救了你,他会把我杀掉。”

无论是在演讲或日常生活交谈中,成功地运用“紧扣人心”法这一幽默技巧,可以起到舒展听众情绪、吸引听众注意、传达幽默感的作用。

超越常理歪中有正

——歪解包袱法

越是处心积虑地想得到生活上的舒适和幸福，那么这个人就越是得不到真正的满足。

“歪解包袱”法是相声中常用的逗观众发笑的方法之一。所谓包袱，就是一个奇特的结果，一种可疑的结论。解包袱，就是为这种结论或结果寻找解释，或求其原因。而“歪解包袱”法，不求合理的原因，寻找的是并非原因的原因。如果一本正经找到了很科学的原因，反倒不幽默了。要弄出一种似是而非，甚至根本驴头不对马嘴的原因，才能表达调侃之情，与对方共享幽默之趣。

比如说，你的朋友最近脸色变红了或者变黑了，通常人按逻辑常理去思考问题，往往就不由自主地想，脸红是因为身体健康，营养丰富的缘故，而脸黑则是过多地在阳光下曝晒的结果。这种因素很科学，很符合逻辑，但是它并不幽默。幽默与常理不同属于情理范畴，自有另一套逻辑。如果你说脸红的原因是由于近来多吃了西红柿，脸黑的原因是由于近来多吃了乌贼鱼，这不科学，但是可能很幽默。

在人际交往中，如果你想用幽默来调节一下相互的关系，你就得用一种超越常理的逻辑来思考问题，切勿为常理所困。中国古代的一本幽默书《笑得好》中有这样的一则笑话：

甲乙两人偶吃腌蛋。甲惊讶地说："我经常吃蛋，都很淡，为什么这个蛋是咸的？"乙说："我是极明白的人，亏你问到我，咸蛋是咸鸭子生出来的。"

超越常理的歪理，最好是不但与常理构成反差对照，而且在另外一个层次上又与常理发生某种联系，间接地暗示更深刻的常理。如果纯系歪理，充其量不过是滑稽而已，很少有深刻的睿智在内。一旦有了更深刻的睿智，滑稽就上升为幽默了。所以，"歪解包袱"并非越是荒谬绝伦越好，其上乘者乃是歪中有正。这种区别非常重要。在人际交往中过分的歪解，缺乏智慧，可能变成耍贫嘴，给人一种油腔滑调、轻浮恶俗之感，而智慧的渗入则可提高幽默的品级，把对方的心灵带到更高的层次；在轻松谈笑之间不但对方为你的谐趣所吸引，而且为你的睿智和深思所震动。

在社交中，特别是在朋友亲戚比较密切的人际关系中，歪解因果的方法有比较广泛的适应性。由于人际关系的亲密，双方都容易打破礼仪的拘谨，构成对常理的超越。如一个朋友唱歌唱得好，本来是由于他的天分和他的勤奋，或有名师指点的结果，可是用歪解因果的办法就可以来一点任意性。例如，他的妻子在场，就可以说，此人本来完全不适合唱歌，今天由于他妻子在场，因而得以超水平的发挥。这样你就不但赞美了他的妻子，而且赞美了他们之间的爱情。如果你不愿意去讨好一个在场的人，也可以随意给他一个存在的原因。例如说，他今天之所以唱得好，完全是因为他已经得到消息，不久以后，瑞典皇家科学院将增设诺贝尔音乐奖。如果你觉得这样太直白了，也可以把因果说得曲折多姿一些。例如说他唱得挺好，但平时说话口吃，在一般情况下，口吃不妨碍他唱歌天才得以发挥，但每当他夫人在场时，他唱歌就会结结巴巴。

幽默技巧很多，不可能全部掌握，有的只能由自己灵活多变地去体会。

以谬为真以愚为智

——大智若愚法

人类有个能想的脑袋，所以高于非人类。人都有脑袋，有会用的，有不会用的，于是又分出贤愚。

“大智若愚”法是以愚的形式来表达智的内容，属于先抑后扬。先抑，可以使人形成一种思维定势，产生一种“你不行”的错觉；后扬，则迅速打破了这种思维定势，出人意料，令人惊奇。前后对比强烈，效果迥异，从而产生幽默的情趣。

幽默家不可把自己的智慧放在脸上，而应该把智慧藏起来。因为理智与情趣是互相矛盾的，智慧愈是直接表述出来，愈是缺少幽默之趣。因此，为了取得幽默的效果，往往需要假作痴呆，故作蠢言，这就是“大智若愚”法的幽默技巧。

约翰是个聪明的孩子。他的学习成绩不算很好，但教师认为他处理问题有独到之处。一次,教师约了一位心理学家来考问他。

心理学家开门见山地问:“《罗密欧与朱丽叶》是谁的作品?”

约翰懒洋洋地说:“我怎么会知道?像我这样年纪的孩子是不会看莎士比亚作品的!”

约翰的回答,就是“大智若愚”法。表面上看来,他好像没有回答心理学家的问题,可是实际上他已经准确地回答了问题。这种方式在于巧妙地运用了逻辑矛盾来表现他的聪明、机智和幽默。

美国第九任总统威廉·亨利·哈里逊出生于一个小镇。小时他是个很穷困但很幽默的孩子。镇上的人常常喜欢捉弄他,经常把一枚五分和一枚一角的硬币扔在他面前,让他任意捡一个。威廉总是捡五分的硬币。

有一天,一个妇女问他:“为什么你不捡一角的?难道你不知道哪个更值钱一些吗?”

“我当然知道。”威廉慢条斯理地说,“不过如果我拿了那枚一角的,恐怕他们再没兴趣扔钱给我了。”

威廉捡钱用的也是“大智若愚”法。他只捡五分的硬币似乎表现了他的“愚”,但他为了让镇上人更有兴趣扔钱给他,却显示了他的“智”,但这种智却深藏在“愚”的表现形式中,因而看起来也就大智若愚了。正是如此,人们又禁不住要钦佩小威廉的机智和聪明了。

在现实交际中,适当地运用“大智若愚”法的幽默技巧,能增添谈话的趣味。活跃谈话的气氛,并能充分体现你的才智和幽默,使人对你产生好感,从而使你的交际易于成功。但要注意的是,运用这一技巧时,必须适可而止,水到渠成,切忌矫揉造作,否则,就会给人一种自作聪明,哗众取宠的卖弄之感,容易引起别人的反感,弄巧成拙。

“大智若愚”法也可带一定的善意的攻击性,这种攻击由于富有人情味,很容易引起对方的同情心,所以会起到意想不到的幽默效果。

同音异义一语双关

——借语作桥法

没有一个字在两张不同的嘴里会有同样的意义。

“借语作桥”法是指交谈中,一方从另一方的话语中抓住一个词语,以此为过渡的桥梁,并用它组织成自己的一句对方不愿听的话,反击对方。

作为过渡桥梁要有一个特点,那就是两头相通,且要契合自然,一头与本来的话头相通,另一头与所要引出的意思相通,并以天衣无缝为上。

马克·吐温有一次在邻居的图书室浏览书籍,发现有一本书很吸引人,他问邻居是否可以借阅。

邻居说:“欢迎你随时来读,只要你在这里看。你知道我有个规矩,我的书不能离开这个房子。”

几个星期后,这位邻居来访马克·吐温,向他借用锄草机。马克·吐温说:“当然可以,但是按我的规矩,你得在这栋房子里使用它。”

马克·吐温的幽默感表现在借用对方的语词表达了与对方意愿相背的意思。

“借语作桥”法的难处,不是寻找两头契合的词语,而是从对方的话头中看中一个词语,再将它抽出来,这个词语要便于组成你自己的语句。这好像是小学生做造句练习,不过比小学生的造句练习多了一个要求,那就是造出来的句子意思不得与对方的愿望一致或相似,只能与对方的愿望相反或相背。

英国作家理查德·萨维奇患了一场大病,幸亏医生医术高明,才使他转危为安,但欠下的医药费他却无法付清。最后医生登门催讨。

医生:“你要知道,你是欠了我一条命的,我希望有价报偿。”

“这个明白。”萨维奇说,“为了报答你,我将用我的生命来偿还。”说罢,他给医生递过两卷本《理查德·萨维奇的一生》。

这比向对方表示拒绝或恳求缓期付款更有趣得多。其方法并不复杂,不过是接过对方的词语(生命),然后以歪解,把“生命”变成“一生”。显然,二者在内涵上并不一致,但在概念上能挂上钩就成。

“借语作桥”法的功能很多,不一定都用之于斗智性的戏谑,也可用于一般性的调笑。其特点是抓住对方话头中的一个词语,构成一个无任何攻击性的句子。例如:如果你丈夫气喘吁吁地跑过来对你说:“我一路跟着公共汽车跑了回来,省下了五毛钱。”

你完全可以把“省钱”这个词拉来，这样说：“你还不如跟在出租汽车后面跑，那可以省下十块钱呢。”

或者你也可以这样说：“这样一来你就可以把省下的五毛钱放在鸡窝里孵，一个月就省下 15 元，一年就可以省下 180 元了。”

可以说，“借语作桥”法幽默技巧的关键在于接过话头以后，要展开你想象的翅膀，敢于往脱离现实的地方想，往荒唐的、虚幻的地方想。千万别死心眼、傻乎乎，越是敢于和善于“胡说八道”，越是逗人喜爱。

不伦不类谐趣顿生

——类比幽默法

智慧上一个最普通的毛病就是缺乏判断力。

“类比幽默”法是指把两种或两种以上互不相干甚至是完全相反的、彼此之间没有历史的或约定俗成的联系的事物放在一起比较，显得不伦不类，以揭示其差异之处，即不协调因素。

在类比幽默中，对比双方的差异越明显，对比的时机和媒介选择越恰当，所造成的不协调程度就越强烈，对方对类比差异性的领会就越深刻，所造成的幽默意境也就越耐人寻味。

人们的日常生活和科学研究一样,分类都得用同一标准,否则必然造成概念的混乱,导致思维无法深入进行。人们从小就被训练掌握这种最起码的思维技巧。如:猪、牛、羊、桃就不能并列在一起,人们会把桃删去。这是科学道理,但并不幽默。

要使类比分类产生幽默的趣味,恰恰要破坏这种科学的逻辑规律,对事物加以不伦不类的并列。

"类比幽默"法是人们常用的幽默基本技巧,它能使人在会心的微笑或难堪的情况中开启心智,受到教育。

由于类比幽默的方法简便,在现代人们的社交活动中,可以广泛地用作自我调侃和朋友之间的戏谑。

类比幽默虽说简单,但也需要智慧和超脱精神,否则是很难发挥出来的。

一个吝啬的老板叫伙计去买酒,伙计向他要钱,他说:"用钱买酒,这是谁都能办到的,如果不花钱买酒,那才是有能耐的人。"

一会儿伙计提着空瓶回来了。老板十分恼火,责骂道:"你让我喝什么?"

伙计不慌不忙地回答:"从有酒的瓶里喝到酒,这是谁都能办到的,如果能从空瓶里喝到酒,那才是真正有能耐的人。"

不花钱买酒与空瓶里喝酒同类一比,其内在就出现了针锋相对的矛盾,谐趣顿生。老板搬起石头砸自己的脚,伙计的智慧却得到了体现。

这不但表现出"类比幽默"法的技巧,同时还有反幽默形式在内,即以其人之道还治其人之身。可见,幽默的表现形式往往不是单一的,而是同时几种幽默形式的交叉使用。

随心所欲出神入化

——随意成趣法

世间一切声色嗜好洗得净，一切荣辱得失看得破，然后快活意思方自此生。

“随意成趣”法，是对产生幽默趣味的种种技巧的综合运用，乍一听，是信口开河，再一想，却耐人寻味。

我们这里所说的随意，并不像海市蜃楼那样虚无缥缈，使人难以捉摸，而是贴近生活的。完全可以套用一句搓麻将的术语：自摸。

随意就是顺其自然，自然才能成趣。枯藤老树昏鸦，小桥流水人家……这是古典意趣；白天鹅宾馆、金三角企业家俱乐部、新空气艺术团、知了书屋、阿信小吃店、咪咪发廊……则颇有现代气息。

要是来个无底洞夜总会、聊斋咖啡屋、野猪林舞厅，这样取名不伦不类不说，又有谁敢去问津光顾呢？

因此，运用“随意成趣”法幽默技巧，要具备以下两个条件：一是和谐，二是自然。

夏夜，有个人在朋友家小坐。

“啪”的一声，他打死一只蚊子。一摸，胳膊上已经鼓起了一个大包。

“咦！这蚊子怎么专叮外来人啊？”

“这是我们家的看家蚊子！”男主人笑了。

“哼！”女主人却借题发挥，说：“连我家的蚊子也学会喜新厌旧了。”

一时不知道这话里包的是什么馅，客人坐也不是，走也不是。

“嗯……啊……明白明白……”客人突然自言自语，念念有词。

“你在跟谁说话呢？”女主人惊异地问。

“你没看到你们家的看家蚊子在跟我咬耳朵吗？”

“那它跟你说什么？”女主人脸上的乌云松开了。

“它说哼哼哼，又说嗡嗡嗡。听懂了吧？”

“我又不是蚊子！”女主人忍不住笑了。

“它对我说，我咬了你一口，才知道你是个男的，要不然，我还当你是第三者插足呢？”

大家都笑了。幽默趣味驱散了夫妻间即将发生的一场风波。这就是和谐。

幽默趣味的随意技巧发展到最高层次，就能做到随心所欲，出神入化了。

在中国巨人毛泽东的身上，幽默技巧的运用已经达到常人所难以攀登的巅峰，那种纵横捭阖、鬼斧神工的驾驭能力，直到他生命即将打上一个句号时，依然表现得那样鲜活。

1976 年元旦，戴维·艾森豪威尔和朱莉·尼克松乘坐“红旗”牌轿车驰进了中南海。这对小夫妻的体内流着两位美国总统的血。毛泽东主席正要接见他们。

客厅里很暗，随着戴维的走进，一些灯相继打开，毛泽东主席呈现在客人面前。他显得比人们想象的要苍老十分，头向上仰着靠在沙发上，头发有些乱，嘴张着，仿佛艰难地吞食着空气……

“你在看什么?”他说，这声音令戴维一惊。吐字清晰，与他的老态形成鲜明对比。

“我在看你的脸，上半都很……很出色。”

“我生着一副大中华脸孔。”思维也不老，戴维觉得这话挺有趣，想笑，但忍住了。

他又说：“中国人的脸孔，演戏最好，世界第一。中国人什么戏都演得，美国戏、苏联戏、法国戏，因为我们的鼻子扁。外国人就不行了，他们演不了中国戏。他们鼻子太高，演中国戏又不能把鼻子锯了去!”

戴维终于控制不住自己，笑了。

毛泽东的幽默趣味，以鼻子为阶梯，登上了人类的制高点，俯瞰全世界，令人联想起他的诗句：

坐地日行八万里，巡天遥看一千河。

话说回来，不管是巨人，还是凡人，都得在明朗和朦胧之间达成和谐，在豪放和婉约之间得其自然。

巨人和凡人，站在同一条起跑线上。

遇困不乱巧言解围

——急中生智法

骑在变化的浪尖上，避免未来的冲击，人类必须掌握进化，塑造适合人类需要的未来。

在社交中遇困不乱，积极发挥自己的智慧，去寻找一切可以突破的因素，就能产生意想不到的幽默感，这种幽默技巧就叫做“急中生智”法。

当你处于一种相当狼狈的境地，你可能惊慌失措，也可能十分愤怒或沮丧。但这一切都无助于你从狼狈的境地中解脱出来。

这时，客观情绪的严酷十分需要你把自己思维的潜在能量充分调动起来，做出超常的发挥。而要做到这点，恰恰需要冷静，需要乐观，使自己的精神处于一种自由的、活跃的状态，即那种急中生智的状态，在这种状态下所说的话往往是机智而又幽默的趣言妙语。

一般说来，在不利的情境中，越是带着自我保护的色彩，后果就越不严重，幽默的成分就越多。这种在日常交往中更能看出来，因为日常交往的情境一般并不像见到法西斯的秘密警察那样严峻，人们有更多的自由天地以充分的幽默感来进行自我保护。

有一次，著名京剧老生演员马连良先生演出《天水关》，他在剧中饰演诸葛亮。开演前，饰演魏延的演员突然病了。一位来看望他的同行毛遂自荐，替演魏延这一角色。

当戏演到诸葛亮升帐发令巧施离间计时，这个演员想和马连良开个玩笑，该魏延下场时，他偏不下场，却摇摇摆摆地向诸葛亮一拱手，粗声粗气地说道："末将不知根底，望丞相明白指点！"

但是，这个突如其来的情况并没有难倒马连良。他先是微微一怔，旋即向"魏延"莞尔一笑，说道："此乃军机，岂可明言？请魏将军站过来。""魏延"一听，只好走到"诸葛亮"跟前。只见"诸葛亮"稍微转了一下身体，俯身"魏延"耳边轻声说了句什么，那"魏延"口中连呼"丞相好计！丞相好计！"然后赶忙匆匆下场。

这一段临场现加的"戏"，连台下的老观众也没有看出其中的奥妙。其实，马连良的"好计"只不过是压低嗓门，笑着对这位捣蛋的同行骂了一句："你这王八蛋还不快点滚下去！"

马连良先生遇困不乱，巧言解围，不愧是一个艺术大师。

许多人之所以缺乏幽默感，不懂幽默之妙，主要是因为在不利的境遇中常陷入精神的被动，不能以轻松的心情来自由变换自己情感的视角，总是被习惯的实用价值所困，所以情感不能获得自由。

似是而非合理想象
——夸张渲染法

推理力愈薄弱,想象力也就成比例地愈旺盛。

"夸张渲染"法是通过对生活中丑的因素的极力夸大、渲染,来揭示生活中的某些不合理与不和谐的现象,来对自己和他人的某些无伤大雅的缺点、毛病进行善意的嘲讽和规劝,从而产生幽默。

"夸张渲染"法的幽默技巧特别需要一种调侃、达观的态度。夸张并不都产生幽默。对李白的"白发三千丈,缘愁似个长"的夸张,我们不会觉得幽默,反倒有浓愁锁眉之感。夸张只是一种修辞手段,用在不同的场合、不同的对象、不同情境中会产生各种不同的效果。"夸张渲染"法之所以能和幽默与笑联系起来,关键在于它须得和"丑"——生活中的错讹乖谬和人的滑稽可笑之处紧密相连,须臾不离。

运用"夸张渲染"法来制造幽默,离不开丰富的想象力。只有那些具有超凡想象力的人方能使夸张这种很平常的修辞方法产生出令人惊叹的高级幽默来。

同样是拿自己的肥胖逗乐,这里就有两个高品位的幽默:

一位著名的美国女演员说:"我不敢穿上白色的游泳衣去海

边游泳，我一去，飞过上空的美国空军一定会大为紧张，以为他们发现了古巴。”

另一位英国作家济斯塔东曾风趣地说：“我比别人亲切三倍。因为我要是在公共汽车上让座位，那一下子可以坐下三个人。”

这两个幽默都用了“夸张渲染”法，但由于他们各自丰富的想象力，所以毫不雷同，且各具魅力。听到这种绝妙的夸张，往往能使人忽略了他们身体肥胖臃肿的丑的一面，而能从他们这种雍容自信中感受到一种享受人生的乐观生活态度。这样，“丑”便在这种健康心灵的关照中变成了美。

此外，“顺竿爬”也是“夸张渲染”法中一种简单易行的幽默技巧。“顺竿爬”就是根据现有条件进行“合理想象”和似是而非的逻辑推理，将结果极力夸张、渲染、变形，产生谐趣效果。

一位姑娘因失恋而茶饭不思，形容憔悴。她的一位女友这样安慰她：“看你，越来越瘦了，你再这样瘦下去，我就把你挂在晾衣绳上，给我当衣裳架子。”说得她破涕为笑，心里轻松了许多。这位女友就是由她的“瘦”“顺竿爬”，竟让她瘦成一副衣裳架子，这显然是一种巧妙的夸张。

只要笑看人生，笑看自己，你便会体味到幽默的精义。

言过其实对比失调

——大词小用法

凡是可以说的，就能明白地说；凡是不可以说的，对它就必须沉默。

所谓“大词小用”法，就是运用一些语义分量重、语义范围大的词语来表达某些细小的、次要的事情，通过所用词的本来意义与所表述事物内涵之间的极大差异造成一种言不符实、对比失调的关系，由此引出令人发笑的幽默来。例如：

某校一次年级老师会议上，最后一个议题是决定学生春游的具体时间和地点。老师们各执己说，意见纷纷。最后，年级组长提议利用三天时间带领全年级学生同游青城山。这个提议很快达成了“共识”。

在一片笑语欢声中，某老师正色且大声地说道：“组座，‘疾风知劲草，国难识忠臣’，我是坚决拥护您的，跟着您寸步不离。头可断，血可流，到了山上也决不把您丢！”

一个普通得再普通不过的人，面对一件极小的事情和说不上是“七品芝麻官”的年级组长，竟说出了类似“文革”中“站队”的言词，且用上了只有对领袖才用的词语。这些“重大”的词语突然“屈尊”于这轻松、随和的语境，显得极其不谐调。然而正是这种“大”与“小”、“重”与“轻”的情、境对比的失调，才创造了幽默的韵味，活跃了交际气氛。

将一些用于庄重场合的比较严肃的语言运用于表现“凡夫俗子”的日常生活，这是“大词小用”法的幽默技巧。

著名演员赵本山主演的获奖小品《相亲》，就有这样的台词：“你打小归父母管，出嫁了归丈夫管，老了又归儿女管，你啥时候能给自己承包一段，自己说了算。”

还有：“儿女的信，父母看就是领导审查。”

在这里，作者把“承包”、“领导审查”这些政治经济生活中的术语，巧妙地用在普通的日常生活中。观众的笑声、掌声便证明了它的幽默与魅力。

有一作者撰文介绍著名演员葛优时说：“燕京饭店附近有一座高楼，其中一套住着一个前额是‘广阔天地大有作为’的小伙子，他叫葛优。”

这里把当年用于号召知识青年上山下乡的“毛主席语录”用来形容葛优的形象，既让人想到他的高额大脑的长相，又让人联想到他的成功的喜剧表演艺术以及他大有可为的远大前程。

在社交活动和日常生活中，类似把男女恋爱关系的结束戏称为“绝色外交关系”，把参加工作后的第一天上班谓之“走马上任”，甚至把患“妻管严”的丈夫对妻子的谈话戏谑为“早请示，晚汇报”等等，都属于“大词小用”法的类型。

“大词小用”法作为幽默之一，随着它在日常生活和现代社交活动中的广泛应用，给人们的生活带来越来越多的欢乐和笑声。

痴言傻语风趣俏皮

——假痴假傻法

疯狂的人往往能够说出理智清明的人所说不出来的话。

“假痴假傻”法幽默技巧是表里不一，表面上既痴又傻，内里高度机智，把过人的智慧隐藏于痴呆木讷的外表之中，让对方透过现象，曲折地品味到浓浓的幽默之趣。

“假痴假傻”法既要你不动声色，还要你煞有介事，假戏真做，令人大为吃惊，产生疑问，继而加以思考，直至完全领悟，发出会心的微笑。

应当注意的是，假痴假傻的背后隐藏着的真实意思，应当使对方略加思考便能明白。如果对方百思不得其解，那就不能透过傻相而领会到幽默之本意，幽默也就无法构成。

请看《新民晚报》曾登过一条“三菱”牌电冰箱的广告，上面没有配图，主要是两行通栏大字：

只有一个问题，三菱不能回答：

——什么是霜？

旁边有几行小字，对比作了解释：“没有冰箱的时候，为食品保鲜发愁；有了冰箱的时候，为冰箱除霜烦恼。霜，冰箱的大敌；

霜,无谓地耗电。有了三菱,您将无忧无愁。”

看到这儿,读者全明了:原来“三菱”牌冰箱能自动除霜。广告设计者颇具幽默感,他以最醒目的两行文字,让读者一看就产生疑问:为什么“三菱”别的问题都能解答,唯有“什么是霜”这种极普通的问题不能回答?读完旁边的小字,人们莞尔而笑,在设计者创造的幽默氛围中,很乐意地接受了他的宣传。

难道“三菱”真的不能回答“什么是霜”吗?当然不是。对问题的答案,读者、厂家说得都很明了,且心照不宣,而广告上偏要这么说,这正是故作痴呆之意。有意识地采用“假痴假傻”法来引发他人惊奇之感,从而让人在恍然大悟之余,含笑赞许设计者的幽默风趣。

在人际交往中,“假痴假傻”是高度机智的产物,尽管对方和自己都知道其中的“痴”、“傻”,但客观上会因其“痴言傻语”中所含的俏皮味而引发幽默谐趣。

一位姓马的年轻工人骑自行车不小心骑到了道路的左边,正巧和迎面驰来的一位青年所骑的自行车相撞。那位青年大概被撞痛了,火冒三丈,张嘴就嚷:“你学过交通规则没有?骑车为什么不靠右边走?”

面对青年的盛怒,小马即借用韩复榘的一句话笑答:“如果所有的人都靠右行,那么左边的路不就会空着了!”

这句地地道道的“痴言傻语”,引得对方“扑哧”一笑,满肚子的火气似乎都在笑声中消散了。接着小马又笑着向对方表示道歉,两个人客客气气地分了手。一场冲突被小马的“假痴假傻”法所造成的幽默感化解了。

“假痴假傻”法以“奇痴”、“特傻”的言语更能使人产生新奇鲜明的印象,构成强烈的幽默感。

适当夸张淡化矛盾

——钝化攻击法

炫耀于外表的才干徒然令人赞羡，而深藏未露的才干则能带来幸运。

“钝化攻击”法幽默技巧，就是用适当的夸张使攻击性虚幻化，显得不刻薄，反而有亲切感。

幽默的大忌乃敌意或对抗。幽默一般产生在避免冲突如卸除心理重负之时，但这并不是说一旦面临敌意和冲突，幽默就注定自行消亡。这要看幽默的主体是否有足够的力量，帮助你从凶险的冲突、怨恨的心理、粗鲁的表情、一触即发的愤怒中解救出来。

幽默极有可能帮助你钝化攻击锋芒，以更有效的方式表达你的不满意向，从而避免弄僵人际关系。

这实在是需要更高一筹的智慧和雍容博大的胸襟。几乎每一个面对冲突的人都面临着对他的幽默感的严峻考验，而只有很少的人能够经得起这种考验。

作家冯骥才访问美国时，一个非常友好的华人作家来访，双方相谈甚欢。突然，冯骥才发现客人的孩子穿着鞋子跳到了他的洁白的床单上。这是非常令人不愉快的事，恰恰孩子的父母并没有发现这一点。冯骥才任何表示不满的言词或表情，都可能导致双方尴尬。这时，钝化攻击性和让孩子从床上下来是同样必要的。

幽默感帮了冯骥才的大忙。他非常轻松愉快地对孩子的父母亲说："请把你们的孩子带到地球上来。"主客双方会心一笑，问题圆满地解决了。

从语言的运用来说，冯骥才只玩了个大词小用的花样，把"地板"换成了"地球"，但整个意味就大不相同了。地板是相对于墙壁、天花板、桌子、床铺而言，而地球则相对于太阳、月亮、星星等天体而言，冯骥才一用"地球"这个概念，就把双方的心灵空间带到了茫茫宇宙的背景之中。这时，孩子的鞋子和洁白的床单之间的矛盾就被淡化了，被孩子和地球、宇宙的关系掩盖了。

在运用"钝化攻击"法幽默技巧时，你首先要有原谅被攻击对象的心理，不然就无法发挥你的幽默感。

有一家住户，水管漏得厉害，院子里已经流满了水。修理工答应马上就来，结果等了大半天才见到他的身影。他懒洋洋地问住户："大娘，现在情况怎么样啦？"

大娘说："还好。在等你的时候，孩子们已学会游泳了。"

这位大娘虽然说得太夸张了，但钝化攻击的锋芒，淡化了对修理工的不满攻击。要是大娘没有原谅修理工的心理，直接斥责，修理工脾气如果不好，定会扭身而去。这里，修理工在笑的同时定有心愧之感。所以，"钝化攻击"法幽默技巧在人际交往中的作用非同小可。

妙语解颐满座风生

——别解词语法

一个有教养的人或民族的第一个特色，就是善于说话。

所谓“别解词语”法，指的是故意对某些词句的意思进行歪曲的解释，以满足一定的语言交际需要，造成幽默风趣的言语特色，从而增加轻松愉快的谈话气氛，更好地协调人际关系。

有一年，在一个座谈会上，有几位同志为鬼戏鸣不平，说是神戏上演了，妖戏也上了舞台，唯独未见鬼戏登台。一位同志脱口而出：“这叫做‘神出鬼没’。”妙语解颐，满座风生。

这位同志用的就是“别解词语”法。他对成语“神出鬼没”进行了别解。作为成语，“神出鬼没”是“出没无常，不可捉摸”的意思，在这里却被列解为“神（仙戏）出（现了），鬼（戏还）没（有上舞台）”。

再如一位姑娘说自己的恋人：“小张，你怎么夏天胖，冬天瘦啊？”

小伙子应声而答：“这叫热胀冷缩嘛！”一句话逗得姑娘咯咯笑个不停。

这里，小伙子对“热胀冷缩”作了别解。

词语有它固定的含义，绝大多数不能按其字面的意思来机械解释。而“别解词语”法却偏偏“顾名思义”，突破人们固定的思路或者说跳开常理，从而产生幽默感。

1945年，郭沫若先生有一次在重庆同著名画家廖冰兄等同桌吃饭，当他得知廖氏因同妹妹（名冰）相依为命，故自名“冰兄”时，故作恍然大悟地说：“哦！这样我明白了，郁达夫的妻子一定名郁达，邵力子的父亲一定叫邵力。”

郭老在此就是用“廖冰兄”一名的来由，来别解“郁达夫”和“邵力子”，附会新奇，趣味无穷。

“别解词语”法就是利用语言的多义性，即明知是甲义，偏理解为乙义，有意混淆它们，以求产生幽默的效果。

如：A 正呆坐着，B 走过来和他闹着玩，在他头上故意摸了一把。A 说：“欺负人家干吗？”B 微笑答道：“欺负人家与你何干？”B 的答话使得 A 也不由地笑了。

我们知道，代词“人家”可以指别人，也可指说话人自己。A 说的“人家”很明显指的是后者，但 B 却故意将“人家”理解为前者。这样，既然是“别人”，当然与“你”没有什么关系！诙谐风趣，令人赞叹。

“别解词语”法除了经常“顾名思义”、“利用多义”之外，还常利用音近的谐音。比如，歇后语即是用这种别解词语的手法创造成功的。当你使用这些歇后语时，也就是在不知不觉地使用“别解词语”法。如：

嗑瓜子嗑出臭虫来了——什么仁（人）儿都有。

石头蛋子腌咸菜——一盐（言）难近（尽）。

一二三五六——没四（事）。

从上面我们可以看出，强烈的幽默效果往往产生在故意曲解某些词语的含义中。所以，当你使用“别解词语”法时，一定要让人感到你是故意曲解词语，而不是“无意”；否则，也许会让人以为你是天下第一号的大傻瓜。

偶然巧合连锁反应

——歪打正着法

偶然是世上最伟大的小说家，若想文思不竭，只要研究偶然就行。

“歪打正着”法是一种因果关系非常自由的幽默技巧。它的特点是起因与结果的不相干或不相称。

随便打开一本西方的连环画，你便不难找到偶然巧合的连锁反应。例如，一位先生匆匆忙忙冲进一间客厅，不巧碰到一位太太身上，这位太太的茶杯又落到一位老先生身上，而老先生却碰破一块窗破璃，窗玻璃落到街上又正好打中警察的脑袋，警察发动全城的同伴追查，如此等等。非必然因果性的成分越多，越能引起人的喜剧感。这种喜剧风格在西方文艺中是有传统的。试回忆一下塞万提斯《唐·吉诃德》中客店那一场戏，骡夫纯出偶然，揍了桑乔一下，桑乔又打了马立托奈斯，老板又摔倒在马立托奈斯身上。在现代西方喜剧中，这属于通俗喜剧，原因是由纯粹的偶然性叠加而成。柏格森把这种形式称之为“滚雪球”的形式，它的功能是一系列的误会使原来正常的动因变成了歪曲的结果，而且越来越歪，离原来的目的越来越远。

有许多喜剧之所以没有喜剧味道，就是因为不善于歪打而正着，实际上也就是不善于使读者和观众一次次期待落空，准备着再一次落空之时，突然地、偶然地、意外地把落空变成落实。风靡西方和中国的“唐老鸭的故事”常常把落空积累到极点时，突然让观众惊讶于愿望的落实。

在中国的古典正统文学中很少有这样淋漓尽致的喜剧，但在民间文艺中则不乏此种风格的精品。有一单口相声叫做《小神仙》，说的是一个相面的迷信职业者，善于制造耸人听闻的效果。一天，一个老头子抱着一把宜兴壶往场里挤，正烫着一个小伙子的胳膊，两个吵了起来。小神仙为稳住看客，就对老头说，你的这把壶出了格啦，今天、明天、后天这三天要摔破，要是三天不摔破，保存到第四天，就会价值连城，赛过聚宝盆哪。老头子立即回家寻找安全之地，最后在墙上掏了个洞，把壶放在里边。谁知邻居只有一身做客衣服，白天穿，晚上洗，要在房间里搭根竹竿晾干，隔墙钉钉，一锤子正锤在老头子的壶上，果然碎了。

这是典型的歪打正着，严重结果与完全不相干的原因形成反差。

有时并不一定是期待的落实。而相反，在期待和愿望层层演进的过程中，突然无可奈何地落了空。这是西方古典喜剧或幽默小说的常用手法。

淡化痛苦泰然处之

——忍痛作趣法

一般的幻灭的悲哀，我以为不在假，而在以假写真。

“忍痛作趣”法是指当人们受到伤害时，却淡化自身的痛苦，并以轻松、诙谐的方式反击对方。

五十年代有一个相声，说的是有一个人患了盲肠炎，医生为之开刀，盲肠被割去了。患者伤痊愈后，小腹仍时时作痛，经检查，原来是医生把手术剪刀留在里面了，于是重新开刀。事后，病人仍感腹中气胀，经检查，原来是纱布又遗忘在腹中了，遂又开刀。于是，病人对医生说：

“你还不如在我的肚子上装个拉链更方便！”

要化痛苦为幽默，关键在于进入一种假定的没有生理痛苦的境界。有了这一点，一切不相干的东西会因一点相关而突然变得一致了。

当然，“忍痛作趣”法的范围不仅仅限于生理上的痛苦，有时可以是心理上的痛苦。如果能把心理的痛苦忍住，则不难把不相同的东西扯到一起，甚至合二为一，使之产生谐趣。

有一个西方笑话说的是一个人回到家中，发现当地神甫正和他的妻子在床上做爱。这自然是会导致心理上的极大痛苦,但如果把痛苦直接发泄出来则不属于幽默的范畴,要幽默首先得把痛苦淡化到零的程度。笑话中的这位丈夫正是这样把痛苦不当一回事,而跪到窗口对着天空祷告起来。神甫惊慌不迭,问他怎么回事,他说:

“既然你代替了我的职位,我只好也代替你的职位了。”

这自然是个笑话,世界上可能没有一个丈夫会有这么大的心理承受能力。但从这个例子可以看出,如果这位丈夫不忍住痛苦,他就不可能把神甫的职位和他做丈夫的职位轻易地混同起来,而看不到二者的巨大的差别。

这也可以从反面说明,通常人们在痛苦的困境中之所以不能充分地展现幽默口才,究其原因,主要有两点。

第一,幽默要求人们忘却眼前的现实的严峻性,而这是违反人的基本特性的,即使是假定性的忘却,也是很困难的。

第二,幽默要求人们把性质不同的东西不动声色地混同起来,哪怕是口头上混同起来,而这也是很困难的。

人们学会讲话和思考的基本法则,就是把不同的事物概念和语言区别开来,而幽默似乎要把人们日常语言和思维搞乱了才成。

如果你不能服从于幽默的谈吐和思维的规范,那么你就只能把自己关在幽默的大门之外。

参考文献

1. [美]博恩·崔西著，黄丽茹译：《博恩·崔西：口才圣经》，企业管理出版社2011年版。

2. [西班牙]巴尔塔萨·格拉西安，李艳芳：《处世的艺术》，天津社会科学院出版社2009年版。

3. [美]巴拉克·奥巴马、莫里恩·哈里森、斯蒂夫·吉尔伯特编，陈嘉宁译：《一句话改变世界：奥巴马的演讲艺术》，安徽人民出版社2012年版。

4. 秉礼、顾平：《幽默故事大全》，未来出版社2007年版。

5. 陈浩：《幽默沟通学：零距离制胜的口才秘籍》，中国华侨出版社2013年版。

6. 陈晓明、艾克拜尔·米吉提：《名作家在北大的演讲》，北京大学出版社2012年版。

7. 蔡礼旭：《蔡礼旭大学演讲录》，世界知识出版社2011年版。

8. 邓的荣：《讲刊》，《讲刊》编辑部2013年版。

9. 朝林：《社交口才·立足社会的能力与资本》，甘肃文化出版社2004年版。

10. [美]戴尔·卡耐基著，马剑涛、肖文建译：《卡耐基口才的艺术与人际关系全集》,中国华侨出版社 2010 年版。

11. [美]戴尔·卡耐基:《卡耐基的魅力口才与处世智慧》,安徽教育出版社 2013 年版。

12. 丁畅:《口才演讲全集》,吉林大学出版社 2011 年版。

13. 丁振宇:《瞬间掌握幽默口才》,北京工业大学出版社 2011 年版。

14. [美]多萝西·利兹著,曾献译:《口才》,民主与建设出版社 2004 年版。

15. 葛维实著,惠晨光绘:《最受欢迎的幽默口才》,中国城市出版社 2010 年版。

16. 何雅琳:《卡耐基智慧全书:为人处世与口才艺术的权威指南》,地震出版社 2006 年版。

17. 扈明星:《一生要学会的 100 种社交与口才》,时事出版社 2006 年版。

18. 杰夫:《实用辩论口才一本通》,中国纺织出版社 2012 年版。

19. 江彩、刘娟萍、程逊:《演讲与口才》,人民邮电出版社 2013 年版。

20. [美]罗伯特·斯坦恩著,东方笑译:《幽默口才:修炼强大的魅力气场》,安徽人民出版社 2012 年版。

21. 赖淑惠:《幽默口才成功学》,新华出版社 2010 年版。

22. 罗盘:《幽默与口才》,立信会计出版社 2012 年版。

23. 骆非翔、麻石、吴蕾:《幽默力:跟名人学幽默口才》,中国纺织出版社 2012 年版。

24. 刘艳:《待人处事的口才艺术》,金盾出版社 2009 年版。

25. 刘同:《这么说你就被灭了》,上海文化出版社 2011 年版。

26. 刘烨:《疯狂口才》,新华出版社 2002 年版。

27. 刘青文:《演讲、辩论与口才》,北京教育出版社 2013 年版。

28. 刘有生:《让阳光自然播洒:刘有生演讲录》,世界知识出版社 2011 年版。

29. 林语堂:《怎样说话与演讲》,文化艺术出版社 2004 年版。

30. 林伟贤:《魅力口才》,安徽教育出版社 2012 年版。

31. [英]伦兹著,孔雁译:《说话的力量》,北京师范大学出版社 2007 年版。

32. [法]米歇尔・福柯著,莫伟民、赵伟译:《生命政治的诞生》,上海人民出版社 2011 年版。

33. [法]米歇尔・福柯著,佘碧平译:《主体解释学》,上海人民出版社 2010 年版。

34. 美国《读者文摘》编,裘果芬等译:《说话演讲的艺术》,上海翻译出版公司 1989 年版。

35. 穆楠枫编译:《最有影响力的斯坦福演讲》,哈尔滨出版社 2011 年版。

36.《实用文库》编委会编:《实用辩论技法大全》,电子工业出版社 2007 年版。

37. 宋泽军:《好口才:社交口才》,中国城市出版社 2013 年版。

38. 单霁翔:《文化遗产・思行文丛:演讲卷(三)》,天津大学出版社 2012 年版。

39. [美]唐·加博尔著，何云译：《5 分钟和陌生人成为朋友》，中华工商联合出版社 2012 年版。

40. [美]托尼·杰瑞著，张怡译：《口才决定人生》，复旦大学出版社 2006 年版。

41. 谭慧：《中国式饭局口才术》，安徽人民出版社 2012 年版。

42. 王瑞泽：《美国大选电视辩论集》，译林出版社 2012 年版。

43. 王玉秀：《辩论》，辽海出版社 2011 年版。

44. 王阳：《哈佛口才课》，新世界出版社 2012 年版。

45. 杨凡用：《好口才是练出来的》，中国城市出版社 2006 年版。

46. 殷亚敏：《21 天掌握当众讲话技巧》，机械工业出版社 2010 年版。

47. [美]约翰·哈斯林著，马昕译：《演讲力》，世界图书出版公司 2010 年版。

48. [美]约翰逊：《赢在辩论》，外语教学与研究出版社 2010 年版。

49. 余世伟：《学会和领导说话》，新世界出版社 2009 年版。

50. 余潇枫：《中外经典辩论选读》，浙江文艺出版社 2012 年版。

51. 姚娟：《口才与人际关系学》，海南出版社 2009 年版。

52. 雅瑟：《口才三绝：演讲、辩论、会说话》，新世界出版社 2013 年版。

53. 袁方:《跟我学:辩论口才》,中国经济出版社 2006 年版。

54. 艳子:《二十几岁要懂的幽默口才》,机械工业出版社 2012 年版。

55. 周璇璇:《实用社交口才》,北京大学出版社 2008 年版。

56. 周正舒、吕银凤:《言辨之法(图文版)》,蓝天出版社 2011 年版。

57. 曾强:《演讲口才的技巧》,大众文艺出版社 2009 年版。